Neue Baselbieter «Merk-würdigkeiten»

Versuch einer Beschreibung historischer und natürlicher Merkwürdigkeiten der Landschaft Basel.

XIII. Stück.

Von Waldenburg.

Legt doch, ihr Sterblichen, das Fernglas aus der Hand!
Macht euch die Gegenden, die ihr bewohnt, bekannt.
J. F. C. Fabricius.

Basel, bey Emanuel Thurneysen, 1755.

René Salathé

Neue Baselbieter «Merk-würdigkeiten»

60 Essays zur Geschichte und Gegenwart des Kantons Basel-Landschaft – Zweite Folge

Impressum

Autor:	Dr. phil. René Salathé, Reinach
Korrektur:	Dr. phil. Elisabeth Balscheit, Känerkinden
Fotos:	Darius Studer, Basel (sofern nicht anders vermerkt)
Gestaltung und Satz:	Druckerei Bloch AG, Arlesheim
Druck:	Druckerei Bloch AG, Arlesheim
Buchbinderei:	Grollimund AG, Reinach

Diese Publikation wurde mit Mitteln aus dem Lotteriefonds ermöglicht.

© Copyright  Liestal 2014

ISBN 978-3-85673-691-0

Vorwort

In der Mitte des 18. Jahrhunderts (1748–1763) erschien aus der Feder des Basler Historikers Daniel Bruckner (1707–1781) in 23 Folgen der «Versuch einer Beschreibung historischer und natürlicher Merkwürdigkeiten der Landschaft Basel».[1] Bruckner bekannte sich dabei zum Grundsatz «Legt doch, ihr Sterblichen, das Fernglas aus der Hand! Macht euch die Gegenden, die ihr bewohnt, bekannt.» Wir tun es dem Basler Gelehrten zum zweiten Mal[2] gleich und halten nach neuen Merkwürdigkeiten Ausschau. Sie begegnen uns auf Schritt und Tritt, doch verstecken sie sich oft hinter unseren Alltags-Seh- und Erlebnisgewohnheiten, so dass wir sie bewusst kaum mehr wahrnehmen. Nicht selten hat sie indessen auch die Zeit mit ihrer schnellen Gangart überholt, und so sind sie in Vergessenheit geraten. In beiden Fällen aktualisieren wir sie.

Unser Dialog mit den neu-alten Merk-würdigkeiten hat ein reiches Mosaik von ganz unterschiedlichen Beobachtungen zu Tage gefördert; er führt uns 60 mal kreuz und quer durch den ganzen Kanton und lädt einmal zum Nachdenken, ein andermal zu einem Aha-Erlebnis ein.

Reinach, September 2014   René Salathé

---

1 Die «Merkwürdigkeiten» Daniel Bruckners zählen 3077 Seiten und sind 1968–1974 in einer Faksimile-Ausgabe mit Namen- und Sachregister erschienen.
2 René Salathé: «Neue Baselbieter Merk-würdigkeiten», Liestal 2007.

Vorwort

Häuser
10 Feldscheunen
12 Das Freidorf
14 Das «Milchhüsli»
16 Das Beinhaus
19 Das «Motorenhüsli»
22 Das ganz besondere Kurhaus
24 Das Geisterhaus
27 Das «Häxehüsli»
29 Das «Buuchhüsli»
31 Das Haus des Schriftstellers
32 Das Sodhaus
34 «s'gross Hus»
36 Bahnwärter- und Tramhäuschen
38 Lehmhäuser
40 Erdhäuser

Denkmäler
44 Der Uli Schad-Brunnen
46 Europa, Afrika, Amerika, Asien – wo bleibt Australien?
49 Der Anne Frank-Platz
50 Zweimal Schweizerhalle
52 Hochwacht – gestern und heute
54 Die Sprache der Ziegel

Verkehr
58 Die Frenken-Gitterbrücke
60 Das Andreaskreuz
62 Velonummern
64 Als es noch keine Raser gab
66 Der Eingang zur Unterwelt
68 Vom Billeteur zum Billettautomaten
71 Die «Niemandsbrücke»
73 «Dante Schuggi»

Kulinarisches
76 Die Baselbieter Gastro-Szene im Wandel
79 Baselbieter Rezepte
81 Der Mohrenkopf

82 «Ruuntäfeli»
83 Chüechlifrauen

Glaube

86 20 * C + M + B + 10
88 Der Ritterschlag
90 Von einer griechisch-orthodoxen Kirche und einer Moschee
92 Der «Füdlebluttstei»

Akustisches

96 Ur-Töne
97 Wenn Kirchenglocken schweigen
99 Die Basler Glocke
102 Die Pestglocke
104 Die Gemeinde- und Schulglocke

Arbeit

108 Wölbäcker
110 Forschungsäcker
111 Die Textilpiazza
112 Der Wasserpilz

Natur

116 Blumen am Wegrand
118 Spechtbäume
120 Wölfe und Löwen im Baselbiet?
121 Der letzte Baselbieter Bär
123 Steingärten
125 Von Hasen und Nasen
127 Tulpenfahrt

Eigenartiges und Rätselhaftes

132 Drachen
135 Der Gripspfad oder «Mens sana in corpore sano»
137 Klosterbriefe
139 Einsiedler
141 «Rot Blau total»
142 Dorfnamen-Rätsel

Dank

Häuser

Häuser prägen unsere Landschaft, unsere Dörfer und Städte – Häuser prägen unser Leben: Das beginnt beim Geburtshaus, das endet beim Sterbehaus. Wir gehen den «Häuserwurzeln» nach und hinterfragen die Häuservielfalt, die uns auf Schritt und Tritt begegnet.

10   Feldscheunen
12   Das Freidorf
14   Das «Milchhüsli»
16   Das Beinhaus
19   Das «Motorenhüsli»
22   Das ganz besondere Kurhaus
24   Das Geisterhaus
27   Das «Häxehüsli»
29   Das «Buuchhüsli»
31   Das Haus des Schriftstellers
32   Das Sodhaus
34   «s'gross Hus»
36   Bahnwärter- und Tramhäuschen
38   Lehmhäuser
40   Erdhäuser

Bezirke Sissach und Waldenburg

Feldscheunen

Einer der «merk-würdigsten» Baselbieter Vereine ist der 2010 gegründete «Verein Baselbieter Feldscheunen». Er setzt sich zum Ziel, «auf die Feldscheunen als Teil der überkommenen Landschaft und als Zeuge unserer Baukultur aufmerksam zu machen» und auch mitzuhelfen, wenn es um die Sanierung einzelner vor dem Verfall stehender Feldscheunen geht.

270 «Feldschüürli, Heuschober und Weidställe» zählt ein in den 90er Jahren des vergangenen Jahrhunderts erstelltes Inventar dieser Landwirtschaftsbauten.

Foto: Verlag BL

Etwa 90 davon sind als besonders erhaltenswert eingestuft. Was macht ihren Wert aus? Ihre Entstehung verdanken sie der Dreifelderwirtschaft. Damals wurde das Land von den Dörfern aus nach Regeln bewirtschaftet, die für alle galten. Einzelhöfe bestanden damals noch kaum. «Mit dem Beginn der Neuzeit begann die Bevölkerung zu wachsen, und es mussten mehr Einwohner ernährt werden. Immer abgelegenere Landstücke wurden gerodet und zunehmend einzelne Stücke oder ganze Landkomplexe von den Bauern ‹eingeschlagen›, d. h. von den in der Flur geltenden Regelungen ausgenommen und meist zu Wiesen eingezäunt. Auf solchem Land wurden Heuhäuschen errichtet, von denen aus im Spätherbst das Heu ins Dorf gefahren wurde, oder kleine Stallscheunen, in denen das Heu dem Vieh verfüttert wurde. Die Einschlagbewegung, und damit der Bau dieser kleinen Gebäude in freier Flur, fand ihren Höhepunkt im 18. Jahrhundert. Mit dem Beginn des 19. Jahrhunderts wurden grössere Stallscheunen häufiger. Später wurden eigentliche Aussenhöfe mit Wohnhäusern errichtet.

All diese oft noch unverfälschten kleinen Gebäude geben einen Einblick in die in unserer Gegend früher üblichen Konstruktionsarten: die Verwendung von Holz im Block- und Ständerbau, massives Bruchsteinmauerwerk in allen Varianten sind anzutreffen.»[1]

Das Musterbeispiel einer Feldscheune findet sich im Tal des Weigisbaches bei Gelterkinden unterhalb des Chapf-Hofes mitten auf der Wiese: Die 1678 entstandene Ständerkonstruktion weist einen geschlossenen unteren und einen offenen oberen Teil auf. Ein weit ausholendes Satteldach, früher vielleicht aus Stroh, deckt das Gebäude, das zum Einlagern von Heu und Emd diente, einem Futtervorrat, der jeweils im Winter aufgebraucht wurde.

In unserer durch und durch ausgeräumten Landschaft – Unebenheiten des Geländes, Hecken und Bäche sind längst einer rationellen und motorisierten Bewirtschaftung geopfert worden – finden sich Feldscheunen vor allem in den Bezirken Sissach und Waldenburg. Sie sind ein belebendes Element unserer gewachsenen Kulturlandschaft und genau so schutzwürdig wie Kirchen und Pfarrhäuser, die traditionellen Denkmäler unserer Vergangenheit.

1   Flyer des «Vereins Baselbieter Feldscheunen».

Muttenz

Das Freidorf

Gibt es für ein Dorf einen schöneren Namen, und wird das reale Freidorf bei Muttenz diesem seinem Namen auch gerecht? Tatsächlich ist das Freidorf auch mehr als 90 Jahre nach seinem Bau noch immer eine beliebte Wohnadresse – nicht ganz zufällig, wurde doch die Siedlung, die 2009 den BL-Heimatschutzpreis erhalten hat, kürzlich als «Entwurf einer neuen Welt» apostrophiert.[1]

1   Ruedi Brassel in: Heimatschutz Pressespiegel Nr. 36 2009.

«Neue Welt»? Entstanden ist das Freidorf in den Jahren 1919–21 nach den Plänen des Architekten Hannes Meyer (1889–1954), der sein Werk als halb Kloster und Anstalt, halb Gartenstadt und Juradorf beschrieb. Die der Genossenschaftsidee verpflichtete Wohnsiedlung gruppiert sich mit 150 rasterförmig angeordneten Reihenhäusern um einen zentralen Dorfplatz; jedes dieser Häuser besitzt einen kleinen Vorgarten und rückseitig einen Nutzgarten. «Ein eigener privater Garten sollte nicht mehr länger das Privileg des reichen Bürgertums sein, sondern Fortsetzung des Wohnraumes im Freien und gestalterisch offen für verschiedene Aktivitäten.»[2] In der Dorfmitte der durch Baumreihen durchgrünten Siedlung liegt ein ebenfalls von Bäumen beschatteter Platz; er ist als Spielwiese gedacht und mit einem Obelisk-Brunnen geschmückt; er grenzt an das 1922–1924 erbaute sogenannte ‹Genossenschaftshaus›, das ursprünglich als Gaststätte, Laden, Schule und Seminar diente.

Dem sozialen Gedanken verpflichtet, sind die Häuser des Freidorfs auch heute noch grundsätzlich an Familien mit minderjährigen Kindern vermietet, wobei die Miete eines Hauses die Mitgliedschaft in der Genossenschaft und ein festes Anstellungsverhältnis von mindestens 50% bei Coop bedingt.

---

2   Hans-Rudolf Heyer in: Gärten, Städtische Wohngärten im Historischen Lexikon der Schweiz.

Landauf und landab – im Speziellen Blauen und Reinach
Das «Milchhüsli»

Früher, das heisst in der zweiten Hälfte des 19. Jahrhunderts bis in die siebziger Jahre des letzten Jahrhunderts gehörte das «Milchhüsli» zusammen mit der Bäckerei und der Metzgerei sozusagen zur Grundausstattung eines jeden Baselbieter Dorfes; es besass in der Sparte Lebensmittelversorgung praktisch das Monopol. Heute hat sich die Lage vollkommen verändert: Grossverteiler, Discounter, Einkaufszentren und Ladenketten haben diese traditionellen Geschäfte weitgehend abgelöst und dem Milchausschank im «Milchhüsli» buchstäblich die Milch abgegraben. Zur Blütezeit des «Milchhüsli» war es vielleicht nicht gerade Mittelpunkt eines Dorfes, aber doch wichtiger Begegnungsort für Jung und Alt, denn dort traf man sich beim Milchholen mit dem Milchkesseli. Abgepackte Milch, wie wir sie heute in jedem Laden ganz selbstverständlich in den Regalen finden, gab es noch nicht, offener Milchausschank war an der Tagesordnung, und entsprechend gehörte eben das Milchkesseli zu den unentbehrlichen Requisiten eines jeden Haushaltes. Und trotzdem gibt es in verschiedenen Dörfern – beispielsweise in Pratteln oder Reinach – noch heute ein «Milchhüsli» – mindestens dem Namen nach.

Das Milchhüsli erzählt nicht nur von verändertem Konsumverhalten, es ist auch Ausdruck genossenschaftlicher Kraft. In Blauen kam es am 28. Januar 1906 zur Gründung einer Milchgenossenschaft;[1] «Von den unterzeichneten Mitgliedern musste sich jedes verpflichten, (für den Bau des Milchhäuschens) freiwillige Handarbeit oder Fuhren zu verrichten.» Bereits am 1. Mai konnte das Häuschen in Betrieb genommen werden – so schnell ging es damals! Die 24 Genossenschafter besassen 64 Kühe und verpflichteten sich, täglich mindestens 380 Kilo zu liefern, 1908 erfolgte dann eine Erhöhung auf das Mindestmass von 410 Kiloliter. Genossenschaftliches Handeln muss gelernt sein; die Bauern waren es bisher gewohnt, sich um den Absatz der in ihrem Betrieb erzeugten Milch selbst zu kümmern, jetzt galt es den «Fahrplan» für die Milchabnahme – der Milchabnehmer war jeweils morgens und abends während rund einer Stunde im Milchlokal anwesend – einzuhalten. Ebenso hatten sie sich wie auch die Konsumenten daran zu gewöhnen, dass Milch nur noch im Milchhäuschen ausgemessen wurde und nicht mehr auf eigene Rechnung an Private verkauft werden konnte. 1906 betrug der Preis pro Doppelliter

1   Bernhard Bucher: 99 Jahre «Milchhüsli» Blauen. Laufentaler Jahrbuch 2006. S. 18ff.

Josef Meury Stachel, der «Milcher-Sepp», beim Milchtransport im Sommer

35 Cts; Milchmarken – für 1 Liter aus Blech, für 2 Liter aus Kupfer gestanzt –, die im Dorfladen gekauft werden konnten, erleichterten den «Zahlungsverkehr». Die überschüssige Milch wurde von der Bahnstation Zwingen aus nach Basel geliefert. Bald sollte sich indessen das Milchhäuschen als zu klein erweisen; am 14. November 1986 wurde es durch ein modernes Milchlokal im ehemaligen Gebäude der Dreschgemeinschaft ersetzt, doch seine Tage waren gezählt: 1989 löste sich die Milchgenossenschaft auf.

Auch in Reinach, wo es heute nur noch einen einzigen Bauernbetrieb gibt, hat das «Milchhüsli» überlebt. 1916, in seinem Gründungsjahr, gab es in Reinach noch zahlreiche Bauern. 1933 betrat man im «Milchhüsli» Neuland»: man führte mit seinen 49 Milchlieferanten die Hauszustellung mit Ross und Wagen ein, ab 1945 besorgte dies ein Elektrowagen. Doch dann setzte ein stürmisches Wachstum des Dorfes ein, das die Bauernbetriebe beinahe vollständig verschwinden liess. So kam es, dass es bereits 1969 nur noch gerade drei Milchproduzenten gab. Das Reinacher «Milchhüsli» hatte sich anzupassen – es mauserte sich zu einem normalen Laden. Aber auch im 3. Jahrtausend hat es seinen bäuerlichen Ursprung nicht ganz abgestreift; mit seinem Namens-Etikett «Milchhüsli» erinnert es in der «Stadt vor der Stadt» nostalgisch an landwirtschaftliche Vergangenheit und hält entsprechend für seine Kundschaft u. a. ein breites Gemüse- und Obstangebot bereit.

Muttenz und Pfeffingen
Das Beinhaus

Beinhaus – der Name ist erklärungsbedürftig, zwei Sagen – eine aus Muttenz, die andere aus Pfeffingen –, lassen erahnen, worum es geht:

«Im Hause des Gemeindeschreibers war Abendhock. Die Frauen spannen und webten, die alten aber erzählten Märchen und Gruselgeschichten. Auch der Gemeindeschreiber gab eine Geschichte zum besten, die er schon von seinem Grossvater gehört hatte.

Ein grossmauliger Bursche von kaum zwanzig Jahren prahlte mit seiner Furchtlosigkeit. Um seine Unerschrockenheit zu beweisen, wollte er sogleich ins

Beinhaus bei der Kirche gehen, dort den Schädel seines Onkels holen und ihn hieher auf den Tisch legen. Ins Beinhaus einzudringen wagte sonst niemand, erst recht nicht bei Nacht. Der Prahlhans aber ging hin. Bald fand er den Schädel seines Onkels, klemmte ihn unter den Arm und verliess schleunigst die Totenstätte.

Als er die Burgstrasse hinaufschritt, wurde der Schädel schwerer und schwerer. Plötzlich öffneten sich die Kiefer des Totenschädels, und die hohle Stimme seines Onkels befahl, er solle ihn auf der Stelle ins Beinhaus zurücktragen, sonst werde er es büssen müssen. Der Aufschneider eilte zu Tode erschrocken ins Beinhaus zurück und stellte den Schädel wieder an seinen Platz. Am folgenden Morgen wurde er von seinen Kameraden tot im Beinhaus aufgefunden.»[1]

«Drei Pfeffinger Burschen schlossen eine Wette ab: Wer wagt es, um Mitternacht im Beinhäuschen einen Totenschädel zu holen? Einer der drei wollte es wagen. Der eine der zwei andern Freunde schlich sich dann heimlich davon und begab sich ins dunkle Beinhäuschen. Punkt zwölf Uhr mitternachts trat der Mutige in den Friedhof, während der dritte draussen wartete. Er öffnete die knarrende Türe des Beinhauses und trat in den unheimlichen Raum, tastete sich zu den Schädeln und packte kurz entschlossen einen davon. Doch da hörte er eine tiefe Stimme, kaum hörbar: ‹Dasch myne!› Er stellte den Schädel an seinen Platz zurück, wollte aber nicht fliehen und nahm einen zweiten. Und wiederum tönte es noch unheimlicher als zuvor: ‹Dasch myne!› Da stellte er blitzschnell auch diesen Schädel wieder hin und griff nach dem dritten. ‹Dasch myne!› Doch diesen Totenkopf liess er nicht mehr los und nahm ihn mit der Bemerkung: ‹Du Esel, du wirsch dänk wohl nit drei Schädel ha!›[2]

Und nun die sachliche Erklärung:
«Beinhäuser dienten der Aufbewahrung der Knochen, welche beim Räumen von Gräbern zum Vorschein kamen, an einem besonders geheiligten Ort. Die Nachbestattung der Gebeine geschah aus Pietät den Verstorbenen gegenüber. Es lag ihr aber auch die Vorstellung zugrunde, dass die Knochen bei der Auferstehung noch von Nutzen sein könnten.»[3]

Beinhäuser gibt es im Kanton Basel-Landschaft nur noch wenige; besonders eindrücklich ist jenes von Muttenz, das wir ja bereits in einer Sage kennen gelernt haben. Wir stehen im imposanten Mauerring, der die Muttenzer St. Arbogastkirche wie eine Festung umschliesst; vor uns die imposante Kirche und das in die

1 Paul Suter, Eduard Strübin: Baselbieter Sagen. Liestal 3. Aufl. 1990. S. 61.
2 Ebd. S. 47.
3 Hildegard Gantner-Schlee: Dorfkirche St. Arbogast. In: Muttenz zu Beginn des neuen Jahrtausends. Liestal 2009. S. 250.

Mauer eingefügte und aus der zweiten Hälfte des 15. Jahrhunderts stammende Beinhaus, das auch als Kapelle benutzt wurde. Seine 1513 datierten Malereien an der Aussenwand – sie zeigen den hl. Christophorus, den Erzengel Michael sowie die Schutzmantelmadonna – machen gleich deutlich, dass es sich bei diesem Beinhaus um ein ganz besonderes Gebäude handeln muss. «Christophorus sollte die ihn darum Bittenden vor dem jähen Tod bewahren, der Erzengel Michael galt als Schutzpatron der Friedhöfe und die Schutzmantelmadonna wurde vor allem in Pestzeiten um Hilfe angerufen. Alle drei erinnerten also an Tod und Sterben, wie es die Örtlichkeit gebot.»[4] Aber auch das Innere des Beinhauses steht unter dem Motto «Memento mori» (Gedenke des Todes). Besonders eindrucksvoll ist das aus dem Jahr 1513 stammende Wandbild an der Südwand; es zeigt das Jüngste Gericht und füllt in den Massen 360 x 640 cm die ganze Wand aus. «In der Bildmitte sitzt Christus als Weltenrichter über doppeltem Regenbogen auf einer Weltkugel, umgeben von kleinen Engeln und flankiert von Maria und Johannes. Dahinter sitzen die kleinfigurigen 24 Ältesten der Apokalypse in einem sich nach hinten verkürzenden Halbkreis. Die Ecken dieser himmlischen Zone markieren je zwei schwungvoll gemalte Posaunenengel mit sich überkreuzenden Tuben … In der Mitte steigen die Toten aus den Gräbern und bewegen sich nach links in kleinen Gruppen in den Himmel. Rechts holen Teufel die Toten aus den Gräbern und führen sie zum Höllenrachen, in dem unter anderen ein Papst, ein Bischof, ein König und ein Mönch zu erkennen sind … In der Farbgebung herrschen blaue, graue und grüne Töne vor.»[5]

So führt uns das Muttenzer Beinhaus in eindrücklichen Bildern die Glaubens- und Gemütslage der Menschen im Zeichen der sich ankündigenden Reformation vor Augen.

---

4   Ebd.
5   Hans-Rudolf Heyer: Die Kunstdenkmäler des Kantons Basel-Landschaft. Band 1. Basel 1969. S. 355 ff.

Ziefen, Reigoldswil, Münchenstein
Das «Motorenhüsli»

Woran denkt man, wenn von einem Motorenhaus die Rede ist? Vielleicht an eine grossflächige Industrieunternehmung, die ihre Energieanlagen in einem speziellen Gebäude untergebracht hat. Weit gefehlt: Es handelt sich um ein simples kleines Transformatorenhäuschen, wie sie zu Beginn der Elektrifizierung unserer Dörfer überall entstanden sind. In Ziefen hat sich der Dorfhistoriker bis in alle Einzelheiten der Geschichte dieses speziellen Gebäudes angenommen; er ist es auch, der uns die Erklärung für die Bezeichnung «Motorenhüsli» geliefert hat.[1]

Transformatoren-Hüsli war für die Aussprache wohl zu kompliziert, es kam deshalb zu einer Vereinfachung, die aber doch deutlich machte, dass von diesem Haus aus Elektrizität bezogen werden konnte. «Ich wuchs in der Nähe dieses Motorenhüsli auf und ich kann mich noch gut erinnern, als wir Buben dort hineinhorchten; es brummte und summte – eben wie Motorengeräusch – es war höchst geheimnisvoll!» Elektrizität – ja, das war in jenen Jahren nicht nur etwas Geheimnisvolles, es war mehr – es war Hexenwerk. Von Reigoldswil erfahren wir dazu Folgendes: «Ein aufgeweckter Knabe aus dem Dorf musste die Bezirksschule Waldenburg auf Weisung seiner besorgten Eltern wieder verlassen, als im Physikunterricht Versuche mit Reibungselektrizität vorgenommen wurden. ‹Dasch nüt für eus, das isch Häxewärch, und so öppis sett me nit lehre in der Schuel›, war die Begründung.»[2]

Zurück zur Geschichte der Transformatorenhäuschen: In den Bezirken Liestal, Sissach und Waldenburg hielt die Elektrizität im ersten Jahrzehnt des 20. Jahrhunderts Einzug. Getragen wurde dieser wichtige Schritt in die Neuzeit im «Fünflibertal» von Dorfgenossenschaften, die sich vor allem aus den Kreisen der Posamenter rekrutierten. «Am Beispiel der Entstehung der Elektra Reigoldswil lässt sich zeigen, dass die Bandfabrikanten sich zwar nicht finanziell an der Elektrifizierung der Landwebstühle beteiligten, aber doch nicht untätig blieben, zumal sie sich von ihr eine wesentliche Verbilligung der an sich schon niedrigen Produktionskosten in der Heimposamenterei erhofften. So lud im Jahr 1901 die Bandfabrik Gebrüder Sarasin «einige Posamenter und Interessenten aus hiesiger Ortschaft ein, ihren in der Fabrik zu St. Ludwig aufgestellten Probestuhl zu besichtigen, und drängte ihre

---

1 Brief von Franz Stohler vom 10. Januar 2014.
2 Paul Suter, Eduard Strübin: Baselbieter Sagen, Liestal 3. Aufl. 1990. S. 453.

Arbeiter, auch in Reigoldswil den elektrischen Betrieb der Stühle einzurichten.»[3]
Und so kam es denn am 15. Januar 1903 zur Gründung der Elektra Reigoldswil mit 105 mehrheitlich sich der Heimposamenterei widmenden Genossenschaftern und Genossenschafterinnen.

Leider haben sich die ursprünglichen «Motorenhüsli» – es waren meistens schmucke, mit farbigen Backsteinen verzierte Gebäude – nicht erhalten; sie wurden abgerissen und mussten im Zuge der von Jahrzehnt zu Jahrzehnt wachsenden Elektrizitäts-Abnehmer erweiterten «Motor»-Anlagen weichen.

Dass es auch anders gehen kann – ohne Abbruch oder Erweiterung, sondern mit einer teilweisen Neu-Nutzung, das beweist ein Münchensteiner «Transformatorenturm», dessen oberster Raum von der Gemeinde dem Naturhistorischen Museum Basel für die Fledermausforschung zur Verfügung gestellt worden ist. «Im kleinen Turmräumchen wurde aus Holzbalken ein Quartier für Fledermäuse so eingerichtet, dass Beobachter und Tiere durch eine Glasscheibe getrennt sind.»[4] Heute leben dort in der warmen Jahreszeit zeitweilig mehr als 30 Abendsegler.

3   Mitteilung von Franz Stohler aus der Zeitschrift «Der Posamenter».
4   Münchensteiner Heimatkunde, Band 1, S. 104.

Motorenhüsli Ziefen, Elektra BL, Eien (Mitteldorf)

Lampenberg

Das ganz besondere Kurhaus

Kurhäuser haben im Kanton Basel-Landschaft Seltenheitswert; es gibt das bekannte Bad Ramsach sowie das Restaurant Abendsmatt bei Lampenberg, das sich im Telefonbuch als Kurhaus, gemäss Fassadenanschrift aber als «Kurort» zu erkennen gibt. Mitten auf der sanften Tafeljura-Ebene oberhalb Lampenberg gelegen, empfängt es seine Gäste mit einem kleinen, lauschigen Park: Ruhebänke und eine Schaukel laden zum Verweilen ein, während der heute verlandete Seerosenweiher an grössere historische Garten-Anlagen erinnert. Auch im Hause selbst bietet sich Ungewohntes: Im grossen Flur vor den Gästezimmern lädt ein eigentliches Naturalienkabinett zum Verweilen ein: Versteinerungen, Artefakte und Tierpräparate gibt es da zum Bestaunen.

Bis vor kurzem erinnerte eine verwitterte Inschrift «Kurhaus» am Giebel des Hauses an früheren Glanz. Während des Zweiten Weltkrieges, als die Grenzen geschlossen und die Kurhäuser des Schwarzwalds in weite Ferne gerückt waren, fanden nämlich Erholungsuchende hier oben auf der Abendsmatt, unweit der Stadt, eine ländlich friedliche, in sich ruhende Idylle. Aber nicht nur Städtern bot die Abendsmatt Zuflucht. Eine «Abendsmatt-Ehemalige» erinnert sich an ihre Sommerferien auf der Abendsmatt in den Jahren der Grenzbesetzung:

«Die Stimmung im Kurhaus stand im Widerspruch zu der wunderbaren Landschaft der nahen Umgebung. Die Gästeliste war überraschend international, und so sassen Nationen, die miteinander Krieg führten, am selben Tisch. Das Hochdeutsch herrschte vor. Aber auch Französisch wurde gesprochen. Da war zum Beispiel die Familie Bloch-Levy, die meist etwas abseits sass. Die drei streng erzogenen Kinder hatten vorbildliche Manieren. Die zwei älteren Buben waren in meinem Alter, und es wurde ihnen auch erlaubt, mit mir zu spielen, ausser freitags, was für mich rätselhaft war.

Eine seltsame Atmosphäre umwob diese Familie. Madame Bloch hatte es geschafft, noch rechtzeitig mit den Buben nach Basel zu ihrer Schwester zu reisen. Ihrem Mann aber wurde die Ausreise verweigert – er sollte Militärdienst leisten. So flüchtete er mit seinem neun Monate alten Sohn, den er unter seinem Mantel versteckt hielt, bei Genf über die grüne Grenze. Die Verwandten in Basel schickten dann die ganze Familie für einen Sommer lang auf die Abendsmatt, dorthin, wo der deutsche Missionar, der ebenfalls mit seiner Familie geflüchtet war, jeden Morgen

im Speisesaal in perfektem Hochdeutsch das Losungswort, eine für mich unverständliche Gottesbotschaft, die man still anhören musste – eben ‹loosen› – vorlas. Erst dann gab es ein herrliches Zmorge. Wir waren etwas mehr als zwanzig Gäste … Da meine Eltern sehr gut Französisch redeten, wurde der Kontakt zur Familie Bloch etwas enger. ‹La guerre› war eines der ersten französischen Wörter, das mir in Erinnerung geblieben ist. Die Neuigkeiten über ‹la guerre› wurden aus einem kleinen Transistorradio bezogen. Mehrere Gäste scharten sich jeweils um das Gerät, wenn Big Ben mit seinem Ding Ding Dong aus London das neueste Kriegsgeschehen kommentierte. Wie geschlagene Hunde verzogen sie sich oft danach, sassen auf dem ‹Tränenbänkli› – das war das ‹Abschiedsbänkli› unter der grossen Tanne – und diskutierten weiter. ‹La guerre› musste etwas ganz Schreckliches sein.

Auch 1944 verbrachten wir unsere Sommerferien auf der Abendsmatt, und auch Familie Bloch war wieder mit den drei Kindern zu Gast. ‹La guerre› war noch schrecklicher geworden.

Die Abendsmatt gibt es auch heute noch. Sie ist zwar etwas in die Jahre gekommen … Der Name ‹Kurhaus› hat keine Berechtigung mehr. Unter der Woche geniessen heute dort vor allem Wanderer Kaffee und selbstgemachten Kuchen. Der verwunschene Garten, die riesige Blutbuche, unser Kletterbaum, das ‹Tränenbänkli›, der Kastanienbaum, unter dem die ‹Gygampfi› stand, Stall und Bienenhaus, das alles hat überlebt und erinnert an glückliche Ferientage in einer schwierigen Zeit.»[1]

---

1 Ursula Salathé: «Ferien in der Kriegszeit», in: René Salathé (Hrsg): «Jugendjahre in der Nordwestschweiz 1930–1950». S. 141.

Bottmingen, Diegten, Münchenstein
Das Geisterhaus

Geisterhäuser? Ja, die gibt es, und merkwürdigerweise hat es die Gebäudeversicherung bisher unterlassen, sie mit einer speziellen «Geistergebühr» zu belegen. Wer weiss, vielleicht als Vorsichtsmassnahme, um ja nicht den Zorn der «Geister» heraufzubeschwören!

Um mehr über diese speziellen Häuser zu erfahren, orientieren wir uns weder im Kataster noch in den Kunstdenkmälerbänden, sondern sinngemäss in der Sammlung der «Baselbieter Sagen».[1] Geister sind allgegenwärtig, entsprechend finden sich auch Geisterhäuser über den ganzen Kanton verteilt.

Bottmingen: Der wilde Jäger
«Vor vielen Jahren lebte auf der Burg Landskron ein böser Ritter. Zu seiner Herrschaft gehörte auch Bottmingen. Er war ein leidenschaftlicher Jäger. Unter dem Rufe ‹Hudädä› sprengte er mit seinen Knechten und Hunden durch Wald und Feld und verschonte auch die schönsten Kornfelder nicht. Die Bauern verfluchten ihn. Nun muss er zur Strafe nach seinem Tode ewig jagen. Alte Leute erzählen, von Zeit zu Zeit höre man unter dem Boden das Stampfen der Pferde, das Heulen der Hunde und das ‹Hudädä›-Rufen …»[2]

Diegten: Knall im Schulhaus
«Im Schulhaus soll es spuken», erzählt ein Zeitzeuge. «Ich habe zwar in den sieben Jahren meiner Tätigkeit nie etwas wahrnehmen können, doch meine Frau. Als sie einmal im Sommer 1861 um 5 Uhr morgens aufstand – ich mähte zu dieser Zeit auf der Wiese –, hörte sie in der nebenanliegenden Schulstube ein Gepolter, als ob eine Wandtafel auf die Schultische herunterfiele. Als sie hinüberging, um nachzusehen, war alles in bester Ordnung. Das gleiche Gepolter vernahm sie noch stärker am Nachmittag. Schon etliche Male hörte sie in der Wohnstube während des Tages einen Knall ähnlich einem Pistolenschuss. Das letzte Mal war es am 15. August 1863, als sie mit zwei Kindern in der Stube sass. Damals ertönte neben ihr ein heftiger Knall. Als sie aufstand und hinaus gehen wollte, erfolgte ein zweiter, und als sie

1 Paul Suter, Eduard Strübin: Baselbieter Sagen. Liestal 1976.
2 Ebd. S. 23.

vor der Türe angelangt war, ein dritter Knall. Es war nach mehrwöchigem heissem Wetter, auf das dann mehrere Tage andauerndes Regenwetter folgte. Das Geräusch wurde nicht von schwindendem Holzwerk verursacht, denn es wiederholte sich auch bei feuchtem Wetter zur Winterszeit. Damals war der Knall so stark, dass die Bewohner des unteren Stockwerkes zum Fenster eilten, um zu sehen, wer draussen geschossen habe.»[3]

Münchenstein: Eine Spukgeschichte
«Das hohe graue Haus am nordöstlichen Dorfausgang ist auf Felsen gebaut, und seine Keller und Stallungen sind in den Fels eingehauen. Es diente bis in die dreissiger Jahre des letzten (= 19.) Jahrhunderts als Pfarrhaus. Der letzte Pfarrer, der es

Zeichnung: Willy Stäheli aus «Baselbieter Sagen», S. 23

Das Schloss Bottmingen und der wilde Jäger

3 Ebd. S. 311.

bewohnte, war aus dem Stadtbasler Geschlecht der Berri, und der bekannte Architekt war sein Sohn. Pfarrer Berri war ein seltsamer Kauz, und die alten Münchensteiner erinnern sich, wie man ihnen als Kinder, wenn sie nicht folgen wollten, mit dem Böhlimann Berri drohte. Berri führte ein unstetes Leben; er war mit sich und der Welt nicht zufrieden und machte schliesslich seinem Leben ein Ende, indem er sich auf dem Estrich des Pfarrhauses an einem Balken erhängte. Seit diesem Tag soll es nicht mehr geheuer gewesen sein; man hörte nachts Winde blasen, Ketten schleifen und sah Lichter aufblitzen, die bald wieder erloschen. Das Haus war darauf längere Zeit unbewohnt.

Viele Jahre später soll sich der Geist wieder geregt haben. Einmal sah man ihn in schwarzer Gestalt und mit leuchtenden Augen, und als man der Sache auf den Grund ging, fand man ihn in einem Feuerherd in Gestalt einer schwarzen Katze vor.»[4]

---

4   Ebd. S. 31.

Reinach

Das «Häxehüsli»

Trägt das Reinacher Restaurant «Häxehüsli» nahe bei der Birs seinen Namen zu Recht, oder ist er ein reines Fantasieprodukt? Tatsache ist, dass es in Reinach heute mit Sicherheit keine Hexen mehr gibt, dass sie aber «früher», wie aus Gerichtsakten unzweifelhaft hervorgeht, im Reinacher Rebberg ihr Unwesen getrieben haben. «Häxehüsli»-Gäste können sich also unbesorgt ihren Schlemmereien hingeben.

In Basel ist 1426 erstmals in amtlichen Prozessakten von Hexen die Rede. Es ging damals um ein krankes Pferd, das angeblich von Hexen geritten worden sei. 1444/45 erfolgte dann in Waldenburg die erste Verbrennung einer Hexe unter Basler Rechtsprechung. Bis 1519 erlitten nicht weniger als 17 Frauen – oft nach vorausgegangener Folterung – das gleiche Schicksal. Doch nach 1512 begann sich eine etwas menschlichere Gerichtspraxis durchzusetzen, indem die angeschuldigten Frauen nicht mehr hingerichtet, sondern «nur» verbannt wurden – nicht selten unter Androhung des Ertränkens bei Zuwiderhandeln. Im Zeitraum von 1512 bis 1574 erfahren wir in Basel von 17 solcher Fälle.

Und wie stand es im Fürstbistum Basel, das von Porrentruy aus regiert wurde und zu dem ja auch Reinach gehörte? Es zeigt sich, dass die etwas liberalere und menschlichere Haltung, der wir im Basler Einflussbereich begegnet sind, im Fürstbistum noch keinen Eingang gefunden hatte.

Das widerspiegelt sich beispielsweise in der Geschichte der Hexenschwestern Dorothea und Agnes Bartin, deren Fall am 11. September 1577 das Arlesheimer Malefizgericht – es entspricht unserem heutigen Strafgericht – zu beurteilen hatte. Vor den Schranken erschienen die beiden Schwestern, Töchter eines wohlhabenden Reinacher Grundbesitzers; sie waren offensichtlich denunziert worden und geständig, sich vor drei Jahren mit einem schwarz gekleideten Mann im Rebberg getroffen zu haben. Er habe sie aufgefordert, ihm zu Willen zu sein und Gott und alle Heiligen zu verleugnen. Dafür habe er ihnen versprochen, in Zukunft dafür zu sorgen, dass sie nie unter Mangel zu leiden hätten. «Ein Hafen mit gelt und hernach noch ein mal eine Hand voll» – das sei das Gegengeschäft gewesen. Doch, «da sie heim khommen, sey das im Hafen nichts denn Rosskoth und das in der Hand Laub gewesen …» Aus den Gerichtsakten geht ferner hervor, dass die beiden Schwestern einmal auf einem schwarzen Hund zum Hexentanz geritten seien, ein andermal hätten sie für ihren Ritt einen Besen benutzt. Im Garten hätten sie dann «ein Thier wie ein Geiss» bestiegen, und der mitangeklagte Muttenzer Süry habe ihnen zum Tanz aufgespielt. Dorothea gestand ferner, schon vor Jahren durch das Sieden von Schlangen- und Wolfskraut einen Hagel bewirkt zu haben, der über «den halben berg gegen Reinach und Therwil gangen» sei.

Foto: Verlag BL

Brauchte es noch mehr Beweise? Das Arlesheimer Gericht befand die beiden geständigen Reinacher Schwestern für schuldig und verurteilte sie zum Feuertod, wobei bis heute unklar bleibt, ob der Tod tatsächlich auf dem Scheiterhaufen erfolgte oder ob «Feuertod» bedeutete, dass die Leichname nach einer Enthauptung verbrannt wurden.

Wenn man bedenkt, dass in der Schweiz Anna Göldi in Glarus 1782 als letzte Hexe verurteilt wurde, dann begreift man vielleicht eher, warum es mit der Gleichberechtigung auch heute noch so schleppend vorwärtsgeht.

Ziefen

Das «Buuchhüsli»

Wir haben es fast vergessen – aber es gab tatsächlich – und es ist noch gar nicht so lange her – eine Zeit vor den Waschautomaten. In Ziefen ist diese ferne Zeit «handgreiflich» zu erfahren: Noch zwei sogenannte «Buuch- oder Waschhüsli» im Unterdorf repräsentieren sie.[1]

Wir erfahren, dass es in Ziefen 1760 auf 124 Wohnhäuser nicht weniger als sieben «Buuchhüsli» gab. Noch kamen die Wohnhäuser damals ohne Wasseranschluss aus, umso angenehmer war es, wenn sie nahe bei einem Dorfbrunnen standen. Um das kostbare Wasser gemeinsam zu nutzen, schlossen sich deshalb die Anwohner dieser Brunnen zu Waschhausgenossenschaften zusammen. Für den

Buuchhüsli Ziefen, Unterdorf

[1] Quelle: Franz Stohler: Die genossenschaftlich betriebenen Buchhüsli von Ziefen. Jurablätter Nr. 8 1980.

Unterhalt der Waschhäuser mussten die Genossenschafter gemeinsam aufkommen; die Herausgabe der Schlüssel besorgte ein Waschhausmeister. Er war auch für das Kassawesen verantwortlich.

«Wie ischs bi sonere Wöscherei zuegange?» – das erklärt uns die Alt-Zieferin Lisa Zeller (1896–1974); sie löst auch das Rätsel auf, das sich im Begriff «Buuchhüsli» versteckt. Ganz einfach: Als Waschmittel diente Buchenasche, die dem kochenden Wasser tagsüber als Lauge beigegeben wurde. Nachts um zwölf begann dann die eigentliche Wäscherei: Wäschestück um Wäschestück wurde von Hand unter Zuhilfenahme von Seife bearbeitet und dann zum Trocknen aufgehängt.

«Buuchet he me sälbi Zyt wo 's no keini Wöschmaschine geh het öppe zwöi- bis viermol im Johr. Wär weniger Wösch gha het, dä het me zu de-n-Arme zellt, und die Ryche hai uf si abe gluegt. Bi sonere Buuchi sy au d' Dorfneuigkeite und Gschichte us aller Welt duregnoh worde ... Sone Buuchi isch Schwerarbet gsi, und wenn derzue no 's Wätter nit rächt het welle, so isch mängisch au bi de Fraue 's Wätterglas uf Sturm gstande. Kei Wunder, sy si rumpelig worde, und d' Manne hai nüt z' Pfyffe gha. Derno hets halt gheisse: Wenn d' Wyber buuche und bache, sell sich dr Ma zum Huus us mache.»

Und dann kam die Moderne, sie bescherte den Hausfrauen individuell und zu Hause bedienbare Waschmaschinen: Die Zeit der genossenschaftlich betriebenen «Buuchhüsli» war abgelaufen. 1976 wurden sämtliche im Grundbuch eingetragenen Wasserhausrechte der ehemaligen Mitglieder durch einen Beschluss der Gemeindeversammlung gelöscht, und die damals noch erhaltenen zwei «Buuchhüsli» gingen rechtlich in den Besitz der Gemeinde über. Heute stehen sie unter Schutz.

Arlesheim

Das Haus des Schriftstellers

In Arlesheim stand bis 2013 das erste, 1941 gebaute Haus eines diplomierten Architekten, der es allerdings nicht wegen seiner Architektur, sondern wegen seiner schriftstellerischen Leistung zu weltweitem Ansehen und Ruhm gebracht hat – die Rede ist von Max Frisch.

Haus Nr. 59 an der Hangstrasse an privilegierter und aussichtsreicher Lage fiel in keiner Weise aus dem damals landesüblichen Rahmen; es war zweigeschossig und wies ausser dem Wohnzimmer ein Eltern-, ein Kinder- und ein Gastzimmer auf – alles ganz normal, für einen homme de lettres aber doch eine nicht alltägliche Première! Zu verdanken hatte sie Max Frisch seinem Bruder, der als Chemiker in Basel bei der Sandoz tätig war.[1]

Über die Bauphase seines Erstlingswerks als Architekt schrieb Max Frisch in einem Aufsatz «Das erste Haus – Notizen eines Architekten» Folgendes: «Man fragt, warum das oder jenes noch immer nicht gemacht ist (…) ordnet an oder schimpft, wenn es nötig ist, ärgert sich doppelt, wenn zum Schimpfen der andere fehlt. Man zeichnet auch an Ort und Stelle, wie etwas Unvorhergesehenes zu machen ist, rechnet mit Kreide auf dem Backstein, mit Rotstift auf dem Gips Zahlen … wie schön wäre es, ein Gedicht an die Wände zu schreiben!» Max Frisch wusste durchaus um seine fragwürdige Qualität als Architekt, und so bekannte er «Mein Bauherr, im Garten umstechend, scheint nun zufriedener als sein Architekt, der offenherzig wie nur zu einem Bruder, das Geständnis nicht unterdrücken kann, dass er heute schon wieder anders bauen würde. Alles Fertige hört auf, Behausung unseres Geistes zu sein.»

Und später: «Was wissen sie von Theosophie, meine Gipser, Zimmerleute, Schreiner und Schlosser? Sie alle sind Meister in einer Sache, die keine Hexerei ist, aber gelernt sein will. Man denke an die Sauerei, wenn unser Zirkel von Philologen und Schriftstellern einmal gipsen müsste!»

---

1   Der folgende Text nach Boris Gygax: «Gut blieb Max Frisch nicht Architekt». BaZ, 6. Dezember 2013.

Titterten

Das Sodhaus

Der Ausdruck Sod dürfte heute nur noch wenigen Menschen bekannt sein – im Duden existiert er jedenfalls nicht. Nur in der Zusammensetzung Sodbrunnen tönt er etwas vertrauter und erinnert uns daran, dass Trinkwasser früher vielerorts mit Zieh- oder eben Sodbrunnen aus der Tiefe gewonnen werden musste. In Titterten, der zweithöchst gelegenen Baselbieter Gemeinde auf 668 m. ü. M. wurde 1981 ein solcher, einst gemeindeeigener Sodbrunnen oberhalb des Schulhauses von der Männerriege in harter Handarbeit in einer Tiefe von sieben Meter ausgegraben und als Anschauungsobjekt für die Jugend bereitgestellt; er soll daran erinnern, wie prekär die Wasserversorgung des kleinen Bergdorfes durch all die Jahrhunderte war. Noch 1890 ist im Banne Titterten von nicht weniger als 27 Sodbrunnen die Rede, und doch konnte Wassermangel eintreten, so «dass man vielmal nach auswärts musste Wasser holen mit Fässern auf Wagen oder Bückli und Zubern ...» Erst 1901 gelang es dann mit der Erschliessung einer neuen ergiebigen Quelle eine störungsfreie Wasserversorgung zu realisieren, die später auch den Ausbau des Dorfes erlaubte.

An die alten Zeiten des Wassermangels erinnert auch das gegen Ende des 17. Jahrhunderts erbaute «Sodhus» am südlichen Dorfrand. Es überdachte früher einen solchen Sodbrunnen und wurde 1972 in das Inventar der geschützten Baudenkmäler des Kantons aufgenommen. Mit steilem, gegen die Strasse vorragendem und holzverschaltem Giebel steht es an der Reigoldswilerstrasse, ein mit Hausteinquadern gefasster Rundbogen prägt neben einem kleinen, vergitterten Fenster die Fassade. «Das Sod- oder Waschhäuslein von Titterten zählt zu den wenigen Kleinbauten dieser Art, die sich in unserem Kanton noch erhalten haben», urteilt der Denkmalpfleger.[1] Dank sorgfältiger Restauration ist es nun zu einem Schmuckstück alter Baukultur geworden.

Die Erinnerung an die Sodbrunnen-Vergangenheit des Bergdorfes hält auch das «Sodhus-Beizli» wach.

---

1 Hans-Rudolf Heyer: Das alte Sodhaus. In: Heimatkunde Titterten. Liestal 2002. S. 154.

Foto: Verlag BL

Oltingen

«s'gross Hus»

Das Oltinger «gross Huus» gehört zweifellos zu den wertvollsten und merkwürdigsten historischen Bauten des Kantons. Sein Ursprung reicht ins Mittelalter zurück, sein eigentlicher Zweck aber ist unbekannt. In die Liegenschaft, die mit ihrer mächtigen Tuffsteinfassade die Hauptstrasse des Oberbaselbieter Dorfes dominiert, teilten sich seit dem 18. Jahrhundert mehrere Eigentümer. Das Äussere beeindruckt durch seine mächtigen Strebepfeiler an der in die Gasse vortretenden Südostecke. Im oberen Teil des mächtigen Spitzgiebels findet sich neben spätgotischen Fenstern eine rundbogige Öffnung, die vermutlich zum Aufzug von Getreide oder Holz diente. Das Mauerwerk ist grossenteils durch starke Tuffquader ausgezeichnet, wie sie das «Galliloch» hinter Oltingen während Jahrhunderten lieferte.

Auch die Sage hat sich des «gross Hus» bemächtigt; so wird erzählt, es sei einmal ein Kloster gewesen. Andere vermuten, es könne das «feste Haus» von Dorfadeligen gewesen sein, die für Oltingen tatsächlich bezeugt sind. An die beiden halbkugeligen Buckel am Eckpfeiler der Giebelseite knüpft sich die Erinnerung, es seien während des Hausbaus zwei Gesellen vom Baugerüst zu Tode gestürzt. Zu ihrem Gedenken habe man nachträglich jenen Stein eingefügt, an dessen Buckeln noch ein paar verwitterte Gesichtszüge zu erkennen sind.

Zeichnung: Willy Stäheli aus «Baselbieter Sagen», S. 205

Landauf, landab

Bahnwärter- und Tramhäuschen

Bahnwärterhäuschen sind eine Erinnerung an die «gute, alte Zeit». Während sie an der SBB-Strecke Basel-Tecknau eher selten sind, haben sie sich im stillen Homburgertal längs des Bahn-Trassees erhalten. 1855 nach einheitlichen Bauprinzipien erstellt, überraschen einige der zwölf Gebäude auch heute noch mit ihrer ursprünglichen Bauweise – klassizistische Formen mit hölzernen Säge-Verzierungen im sogenannten «Schweizer Holzstil» –, andere aber wurden in der Zwischenzeit zu veritablen Einfamilienhäusern aus- und umgebaut. Und so beschreibt sie 1863 der Zeitzeuge Friedrich Nüsperli (1803–1876) in der Heimatkunde seines Wohnortes Thürnen. Er rühmt zunächst die geschmackvollen Gartenanlagen in der Umgebung der Bahngebäude und fährt dann fort: «Zwischen Sissach und Sommerau stehen drei Bahngebäude oder vielmehr Bahnwärterhäuschen, das obere im Banne Diepflingen, die beiden andern, bewohnt von den Bahnwärtern Lauchenauer und Frei, im Banne Thürnen. Der erstere überwacht den Bahnübergang des Feldweges nach dem Grienacker, der Gegend in welcher sich Bahn und Hauensteinstrasse kreuzen. Der Bahnwärter Frei bewandert täglich zu wiederholten Malen die Bahn, beaufsichtigt und bestellt sie. Ein Bahnmeister, Hr. Hafner ist den Wärtern vorgesetzt und begeht täglich die Bahn einmal von Pratteln bis zur Sommerau. Entweder geht er auf- oder abwärts, auf einem Weg kann er fahren.»

Und wie gestaltete sich der Arbeitstag der Bahnwärter? «Jeder Bahnwärter schliesst, wenn der Zug bald kommen soll, die Übergänge der Bahn mit Schlagbäumen und Querbalken, stellt sich in seinem blauen Überhemd und schwarzem Hut, eine rote Flagge mit kurzem Stab eingehüllt in schwarzledernes Futteral, in strammer Haltung zur Rechten des daherbrausenden Bahnzugs auf, streckt die verhüllte Fahne zum Zeichen, dass die Bahn sicher befahren werden könne, nach der Gegend, wohin der Zug sich bewegt, und ist derselbe vorüber, so öffnet er wieder die Übergänge der Bahn.»

Und wer sich nicht nur in der Vergangenheit bewegen will, dem sei angeraten, sich beim Bahnwärterhäuschen Sommerau umzusehen. Er wird dort auf eine reiche, liebevoll zusammengetragene Sammlung verschiedener Bahnutensilien stossen: Bahnwärter-Signalhörner, Weichen-Lampen, und so fort, und so fort.

Waren Bahnwärterhäuschen früher bewohnt, so sind Tramhäuschen höchstens vorübergehend belebt. Seit Beginn des 20. Jahrhunderts, als die ersten Tramlinien eröffnet wurden (1902: Birseckbahn, die spätere 10er-Linie, 1907: die 11er-Linie), gehören sie selbstverständlich zu unserer Verkehrslandschaft: In diesen mehr als hundert Jahren ist das Tram nicht stehen geblieben – im wörtlichen und im übertragenen Sinn – es hat sich dauernd erneuert und verbessert, im technischen Bereich und nicht zuletzt im Blick auf Sicherheit und Komfort.

Zum Komfort gehört auch das sogenannte Tramhäuschen, das den Passagieren bei Sonne, Wind und Regen die Wartezeit nicht verkürzt, aber doch angenehmer erfahren lässt. Die Direktion der BEB (Birseckbahn) bezeichnete sie früher, zu Beginn des BEB-Fahrplans – so ist es in den Geschäftsberichten nachzulesen –, ihrer Funktion und auch ihrem Aussehen entsprechend als Schutz-, später Warte- oder Schirmhütten. Heute haben sich diese alten Holzverschläge längst zu komfortabeln, lichtdurchfluteten und transparenten Kleinbauten gemausert. Sie strahlen zwar nicht unbedingt Gemütlichkeit aus, dafür sind sie aber praktisch und wartungsleicht.

Das Bahnwärterhäuschen in Diepflingen vor diversen Erweiterungen, 1928

Laufen, Allschwil
Lehmhäuser

Ricola in Laufen punktet nicht nur mit seinen Kräutergärten und mit den europaweit bekannten Bonbons, seit kurzem glänzt es auch mit dem grössten zeitgenössischen Lehmbau Europas. Das Besondere an diesem 111 Meter langen und knapp 29 Meter breiten Block: Mehr als die Hälfte seines von den Architekten Herzog & de Meuron verwendeten Materials ist Stampflehm, ein Baurohstoff, dessen Komponenten – Lehm, Mergel und Kies – aus der nahen Umgebung, den Gemeinden Laufen, Büsserach und Liesberg, stammen. Das beige Kräuterzentrum, in dem Kräuter getrocknet und gelagert werden, ist als physischer Werbeträger des neuen Ricola-Slogans «Chrüterchraft» ein ökologisches Vorzeigegebäude und wird in diesem Sinn gewiss zahlreiche Architekturfreunde aus Nah und Fern anlocken und den internationalen Ruf des Unternehmens – zwei Drittel des Umsatzes werden in Europa, 22 Prozent in Nordamerika getätigt – weiter festigen.

Foto: von Ricola, Laufen, zur Verfügung gestellt

Lehm diente im Baselbiet schon immer als Baustoff: Die schönen Fachwerkbauten in Allschwil und Schönenbuch beweisen es mit ihrem charakteristischen Lehm-verputzten Holzgeflecht.

Foto: Felix Gysin

Arboldswil

Erdhäuser

Erdhäuser sind etwas Besonderes, denn sie stehen in der Erde und sind teils erst noch mit Erde überdeckt. Arboldswil, das kleine Oberbaselbieter Dorf, bietet Anschauungsunterricht. Da stehen sie, die drei Erdhäuser und ducken sich gleich zu Dritt an der Ziefnerstrasse, und dort, «wo sonst Ziegel um Ziegel prangen, wuchern auf den erdüberdeckten Sonnenhügelhäusern Lavendel und wilde Nelken und der Wind hat wenig Angriffsfläche»[1]

Und das sind die Vorteile eines Erdhauses:
– Dank der wärmenden Erddecke bietet es ein angenehmes Wohnklima: Kühlung im Sommer und Kälteschutz im Winter bei ausgeglichener Luftfeuchtigkeit. Erhebliche Energie- und CO_2-Einsparungen sind die Folge.
– Dem Erdhaus fehlen Kanten und Wandenden – und das gibt Weite und ist «eigentlich das natürlichste der Welt, denn Menschen lebten in gewölbten Gebäuden, gebaut aus Lehm, lange bevor es den rechten Winkel gab. Hier, in den Arboldswiler Sonnenhügelhäusern, wie sie heissen, sind daher selbst die Sofas und Betten geschwungen. Die Zimmer wölben sich wie Kuppeln über hellen Räumen und Schränken, die in den Wänden verschwinden.»[2]

Erdhäuser sind eine echte Rarität – nicht nur im Baselbiet, sondern auch in der Schweiz, wo nur gerade 35 zu zählen sind.

---

1 Lucas Huber: «Fehlende Kanten sorgen für Weite», Basellandschaftliche Zeitung 30.6.2014.
2 Ebd.

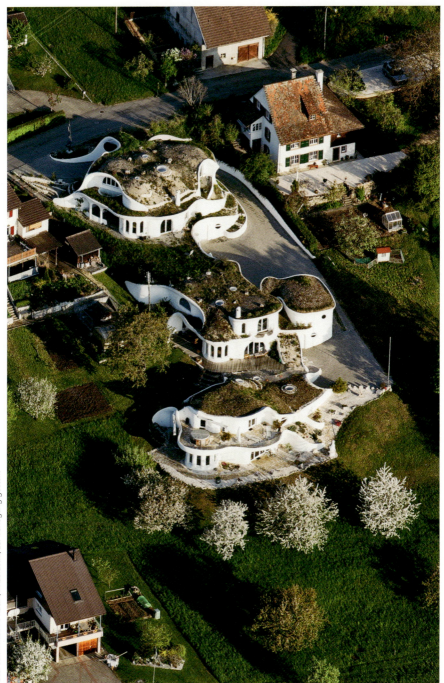

Foto: von Anton A. Rudin, Arboldswil, zur Verfügung gestellt

41

Denkmäler

44 Der Uli Schad-Brunnen
46 Europa, Afrika, Amerika, Asien – wo bleibt Australien?
49 Der Anne Frank-Platz
50 Zweimal Schweizerhalle
52 Hochwacht – gestern und heute
54 Die Sprache der Ziegel

Oberdorf

Der Uli Schad-Brunnen

Uli Schad war einer der Führer des Bauernaufstandes von 1653. In Oberdorf, seiner Heimat, hält eine Schad-Statue beim Dorfbrunnen die Erinnerung an das Schicksal dieses Rebellen wach. Hat der Bildhauer Fritz Bürgin Uli Schad auch richtig gesehen – im besten Mannesalter, kraftvoll und stolz?

Die Bauern des Baselbiets hatten besonders schwer unter den Folgen des Dreissigjährigen Krieges (1618–1648) zu leiden; es galt Häuser wieder aufzubauen und verwüstetes Kulturland neu anzulegen. Die Verschlechterung der Lage führte zu einer allgemeinen Missstimmung gegen die gnädigen Herren in Basel, und ein Aufstand im Entlebuch wirkte ansteckend. Der Herd des Widerstandes lag in Liestal, aber am entschlossensten standen die Leute aus dem Waldenburger- und Homburgertal zur Sache der Bauern. Ungefähr hundert zogen ins Freiamt und nahmen am Kampf bei Wohlenschwil teil. Nach der Niederlage der Aufständischen legten die Basler Truppen in die Dörfer, liessen die Bauern entwaffnen und führten die Rädelsführer gefesselt nach Basel, wo ein «Theater des Schreckens» auf sie wartete. Der öffentliche Vollzug der Todesstrafe sollte abschreckend wirken und möglichst eindrucksvoll die Herrschafts- und Strafgewalt der Obrigkeit vor Augen führen. Während sechs der Angeklagten – sie alle nahmen in der ländlichen Gesellschaft durch Amt und Würde eine hervorragende Stellung ein – vor dem Basler Steinentor unter «diskretem Geläute» des Glöckleins der St. Margrethen-Kirche in Binningen mit dem Schwert hingerichtet wurden, endete der Haupt-Anstifter Uli Schad am 13. Juli am Galgen und erlitt damit eine als besonders entehrend geltende Hinrichtung. Auch wurde ihm ein christliches Begräbnis verweigert.

In Liestal erinnert seit 1904 ein Denkmal an den Bauernkrieg von 1653: «Unterdrückt, aber nicht überwunden» heisst seine Botschaft.

Arlesheim

Europa, Afrika, Amerika, Asien – wo bleibt Australien?

Im Arlesheimer Dom lässt sich anschaulich Welt-Geografie erleben. Wir stehen im Langhaus und entdecken in der Höhe mit gestrecktem Hals ein farbenfrohes Fresko. Eine reich gewandete Frauengestalt mit Diadem im dunklen Haar weckt unsere Aufmerksamkeit. Es ist Europa, die Königin der Welt; sie blickt in den Himmel und umarmt eine lichtumstrahlte Frauenfigur, die mit Kreuz und Hostie Sinnbild der himmlischen Liebe und zugleich der Kirche ist. Wir lassen uns von der Erzählung des Freskos führen und erblicken am linken Bildrand einen Zug bunter Figurengruppen, die sich alle in Richtung Europa bewegen. «Seinen Anfang macht ein goldener Prunkwagen, auf dem zwei exotische, dunkelhäutige Frauen, überragt von einer geflügelten Schlange, sitzen. Davor bemühen sich zwei federgeschmückte, nackte Gesellen darum, zwei fauchende Löwen mit langen Seilen vor den Wagen zu spannen. Hinter diesen und den Seilen blickt eine blaugewandete Dienerin empor. Hinter dem Wagen entsteigt dem Schilf in Gegenrichtung ein Krokodil und packt einen Negerknaben am Fuss. Im Hintergrund flüchtet sich ein Kind und blickt eine verängstigte Frau zum Krokodil. In der nachfogenden Lücke erkennt man einen Straussenkopf und die helle Silhouette einer Pyramide, überschnitten vom Kopf eines Elefanten, auf dessen blauem, gefranstem Satteltepich ein Treiber sitzt. Dieser hält, aufwärts blickend, einen speerartigen Stachel in den Händen … Eine dunkle Wolke mit Puttenköpfen schliesst den Zug. Er stellt mit seinen exotischen Figuren und Tieren die Erdteile Afrika und Amerika dar, symbolisch als ein von wilden Tieren gehemmter Zug den Weg des Heils zu der von Europa umarmten Kirche beschreitend, zugleich auch Sinnbild der missionierenden Kirche …» Die analog dazu auf dem rechten Bildrand dargestellte und in sich geschlossene Figurengruppe stellt Asien dar, sie bewegt sich nicht in Richtung Europa. Wir sehen einen Frauenkopf mit einem Papagei und einen Pagen, der schützend einen Sonnenschirm über zwei Frauen hält. Hinter einem Palmbaum zichen über kakteenartige Pflanzen zwei Kamele dahin, sie werden von einem Affen und einer Frau unter fliegenden Wolken geritten.

Das reiche in der Mitte des 18. Jahrhunderts entstandene Deckenfresko des Arlesheimer Doms ist nicht nur ein Schlüsselwerk der Rokokokunst, es ist auch Abbild der damaligen eurozentrischen Weltsicht: Noch war der Erdball nicht ausgemessen und noch barg er viele Geheimnisse. Eines dieser Geheimnisse war die

«terra australis», deren Besiedlung durch die Europäer erst Ende des Jahrhunderts einsetzte. Im Februar 1788 war der erste Gouverneur in der Botanybai gelandet; mit 750 Sträflingen begründete er eine neue englische Kolonie. Begreiflich, dass darum Australien im Fresko Giuseppe Appianis durch Abwesenheit glänzt.

Birsfelden

Der Anne Frank-Platz

Anne Frank-Plätze gibt es nicht nur in verschiedenen deutschen Städten, sondern auch in Birsfelden. Wie kam es dazu?

Anne Frank ist eines der prominentesten Opfer des Holocaust. 1942–44 versteckte sie sich vor den nationalsozialistischen Schergen mit ihrer Familie in Amsterdam in einem Hinterhaus; dort schrieb sie ihre berührenden Tagebücher, die nach ihrer Entdeckung weltweit Beachtung fanden und Anteilnahme weckten. 1945 wurde Anne im Alter von fünfzehn Jahren zusammen mit ihrer Schwester ins Konzentrationslager Belsen-Bergen deportiert und umgebracht.

Nach dem Krieg nahmen die Eltern Annes an der Buchenstrasse in Birsfelden Wohnsitz, wo dann später eine kleine Messingtafel angebracht wurde. Diese Erinnerung hat die Gemeinde Birsfelden zum Anlass genommen, Anne Frank einen festen Platz zu widmen und ihn im Beisein ihres in Basel wohnhaften Cousins, des Schauspielers Buddy Elias – er setzt sich unermüdlich für die Ideale von Anne Frank ein – einzuweihen (7. August 2000).

Zweimal Schweizerhalle

Die Ortstafel Schweizerhalle weckt gute und schlechte Erinnerungen, sie ist Denkmal!

Die gute Erinnerung
Am 30. Mai 1836 entdeckte hier der deutsche Bergrat Carl Friedrich Glenck in der Muttenzer Rheinebene nach 17 erfolglosen Bohrungen in einer Tiefe von 116 Metern riesige und bis heute unerschöpfliche Steinsalzlager, und bereits ein Jahr später konnte mit der industriellen Ausbeutung in der neu eröffneten Saline Schweizerhalle begonnen werden.

Die schlechte Erinnerung
Am 1. November 1986 weckten die Sirenen Basler und Baselbieterinnen aus dem Schlaf und verkündeten die Ausgangssperre. Die Ursache war ein Grossbrand in den Lagerhallen des Chemieunternehmens Sandoz in Schweizerhalle. Mit dem Löschwasser gelangten mindestens 20 Tonnen Gift in den Rhein, der auf einer

Länge von mehr als 100 Meter rot gefärbt wurde und darüber hinaus auf fast einem halben Kilometer seinen gesamten Fischbestand verlor. Die Sandoz-Katastrophe war mehr als nur ein Unfall; sie hat den blinden Fortschrittsglauben nachhaltig erschüttert und zu erhöhter Wachsamkeit geführt.

Rhein-Wachsamkeit ist auch die Aufgabe des auf dem Birsfelder Stausee stationierten Feuerlöschbootes BASELLAND. Es steht seit 1973 jährlich acht- bis zwanzigmal im Einsatz und versah auch 1986 seinen Dienst.

Titterten

Hochwacht – gestern und heute

Titterten, das kleine Oberbaselbieter Dorf, bietet fernab von lärmendem Verkehr einen eindrücklichen Erlebnisweg mit mehreren Stationen, beispielsweise einer Duftorgel, die mit verschiedenen Gerüchen aufwartet, denn der Mensch – so steht es auf einer erklärenden Tafel – «kann die Landschaft nicht nur optisch, sondern auch riechend wahrnehmen.»

Am «oberen» Ende des Erlebnisweges, auf rund 800 Metern über Meer, stösst der Wanderer auf einen hölzernen, zweistöckigen und rustikalen Turm, von dem man eine wunderbare Aussicht auf die Oberbaselbieter Naturlandschaft geniessen kann. Der Turm nimmt mit seiner Rundsicht gewissermassen ein historisches Erbe auf, denn Hochwachten dienten im alten Basel wegen ihrer exponierten und weithin sichtbaren Lage einem Alarmsystem. 1619 wurde Folgendes bestimmt: «Wenn der Lärm, das heisst der Alarm, von Basel ausging, sollte das Wachtfeuer auf der Schauenburgerfluh denen auf der Sissacherfluh, der Geissfluh, dem Wiesenberg und der Wasserfallen rufen. Ein Schuss bedeutete eine Warnung, zwei Schüsse meldeten Feuersnot, drei Schüsse das Herannahen eines Feindes. Da aber die Schüsse von Basel oder Münchenstein wegen des Muttenzer Wartenbergs in Liestal nicht gehört werden konnten, sollte auf der Schauenburgerfluh ein Böller aufgestellt werden. Zunächst wurden dann von Basel und Münchenstein die Schüsse abgegeben, danach würde auf der Schauenburgerfluh neben dem Feuer, das angezündet wurde, auch ein Schuss getan. Alle ‹ehrhaften Stätt und Orte› würden dann die Losung mit Geschütz, Anzündung der Wachtfeuer und Sturmläuten sowie Boten weitergeben.»[1]

---

1   «Nah dran, weit weg», Band 3, S. 86.

Foto: von Baselland Tourismus zur Verfügung gestellt

Liesberg, Liestal

Die Sprache der Ziegel

Ziegel können sprechen – das wissen die Archäologen –, und so reicht ihre Geschichte bis weit in die Zeit der Römer zurück; doch auch in der Neuzeit machen Ziegel immer wieder von sich reden, so beispielsweise in Liesberg. Dort im Laufental, wo der für das Gewerbe erforderliche Lehm gegraben werden konnte, befand sich eine Handziegelei; sie war in einer Hütte untergebracht. Das erste Stockwerk diente dem Ziegler als Wohnung, während im Keller der Brennofen untergebracht war, im zweiten Stockwerk wurden unter dem Dach die ungebrannten Ziegel zum Trocknen ausgelegt. Vor dem Haus war das Lehmdepot angelegt.

In der Liesberger Handziegelei, die bis Ende des 19. Jahrhunderts in Betrieb war, wurden die Flachziegel, die sogenannnten Biberschwänze, von A bis Z von Hand hergestellt. Besondere Erwähnung verdienen dabei die sogenannten Feierabendziegel, die bei der Neu-Eindeckung alter Dächer entdeckt werden können; es sind Flachziegel, die der Hexenabwehr dienten und links und rechts mit Halbsonnen verziert sind.[1]

Wenn von Ziegeln die Rede ist, dann darf auch der Begriff der Dachlandschaft nicht fehlen; er weckt geradezu nostalgische Gefühle und verbindet sich im Baselbiet mit der «Gipfelflur» alter Bauernhausdächer, die besonders im Kern unserer Dörfer mit ihrem bewegten und abwechslungsreichen Auf und Ab erfreuen. Dachlandschaften oder -panoramen haben deshalb auch unermüdlich den Zeichen- und Farbstift des Architekten und Künstlers Max Schneider bewegt und zu schönen «Dorfinterieurs» geführt.

Eine eigenartige «Dachlandschaft» ist aus Liestal zu vermelden. Sie fällt insbesondere aufmerksamen Bahnreisenden auf, die allerdings nur selten in der Lage sein dürften, das grosse aus Ziegeln eingelegte «À LA» auf dem weit geschwungenen Dach der Kantonsbibliothek im Liestaler Bahnhofareal aufzulösen und zu deuten. Die beiden Wörter grüssen gewissermassen die Bibliotheksbenützer und sind mehrdeutig und geheimnisvoll. «Sie lösen vielfältigste Assoziationen aus und verweisen gleichzeitig auf Marcel Prousts berühmten vielteiligen Jahrhundert-Roman «A la recherche du temps perdu» (auf der Suche nach der verlorenen Zeit), der die un-

---

1 Ernest Meier-Pingel: Die Geschichte des Tondachziegels. Ziegelherstellung von Hand bis zur mechanischen Produktion in Liesberg. Liesberg 2005.

scheinbarsten Beobachtungen des Alltags ins Zentrum der Wahrnehmung rückt und ein detailreiches, subtiles Bild der Gesellschaft zeichnet.

Die vergangene Zeit ist in der Bibliothek gespeichert, aufgehoben und für uns alle zugänglich. Man kann sich hier auf die Suche nach dem Verlorenen begeben, es wiederfinden, mit anderem kombinieren, zusammensetzen und eine neue Form von Wirklichkeit kreieren. Die Bibliothek ist die Obhut der vergänglichen Zeit, ist der Ort, wo man die vielfältige Geschichte wieder entdecken und wieder zurückholen kann.

‹À LA› ist mit beigen, glasierten Ziegeln nahtlos in die gesamte Rottönung des Daches eingefügt. Gleichzeitig ragt sie als selbständige und selbstbewusste Setzung heraus. Sie hat Signalwirkung und gibt dem Gebäude Identität.

‹À LA› findet seine Fortsetzung im Inneren der Bibliothek, auf dem Boden des Lichthofes. Dort befindet sich ein mit Wasser gefülltes Bassin, das über sämtliche Stockwerke sichtbar bleibt und das mit denselben Ziegeln wie auf dem Dach ausgekleidet ist. Die Ziegel aber sind – weil imaginär vom Dach heruntergefallen – zerbrochen und zu einem neuen Patchwork zusammengefügt. Darin sind, ebenfalls glasiert und in Beige gehalten, verschiedene Buchstaben frei angeordnet, die sich bei längerem Betrachten plötzlich zum Wort ‹Recherche› verbinden. Mit anderen Worten: Erst durch Suchen, Kombinieren und Zusammenfügen der einzelnen Elemente kann etwas erkannt und zum Leben erweckt werden. Und genau diese Eigenschaften gehören auch zum Grundverhalten in einer Bibliothek, wo sich auf die genau gleiche Weise Horizonte öffnen und Erkenntnisprozesse entwickeln, die zu neuem Wissen führen, – «À LA RECHERCHE» weist in diesem Sinne metaphorisch auf das Wesen, den Zweck und die Funktion einer Bibliothek hin», nota bene: in der Sprache der Ziegel.[2]

2   Kantonsbibliothek Baselland – Publikation des Hochbauamtes. Liestal 2005.

Verkehr

58 Die Frenken-Gitterbrücke
60 Das Andreaskreuz
62 Velonummern
64 Als es noch keine Raser gab
66 Der Eingang zur Unterwelt
68 Vom Billeteur zum Billettautomaten
71 Die «Niemandsbrücke»
73 «Dante Schuggi»

Liestal

Die Frenken-Gitterbrücke

Brücken sind Lebensadern des Verkehrs und immer auch Zeitzeugen. Das gilt sehr ausgeprägt für die zwei alten Gitterbrücken, die – 1854 von der Centralbahn erbaut – östlich von Liestal den Taleinschnitt der Frenke überquerten. Heute ist allerdings nur noch eine dieser Brücken erhalten, die Zwillingsbrücke wurde eingeschmolzen. Auch die noch verbliebene – sie dient der Waldenburgerbahn – hätte das gleiche Los erlitten, wenn sich nicht der Heimatschutz mit einer Stiftung für ihren Erhalt eingesetzt hätte. Was ist es, das diese Brücke, die heute hinter ihren Lärmschutzwänden kaum mehr sichtbar ist, so bedeutend erscheinen lässt? So urteilt die Denkmalpflege:

«Nach heutigem Erkenntnisstand ist die Gitterbrücke über die Frenke die älteste noch erhaltene Bahnbrücke aus Eisen in der Schweiz. Möglicherweise ist sie sogar die älteste Bahnbrücke überhaupt in der Schweiz und vielleicht die älteste erhaltene ihres Typs in Europa. Sie ist somit ein historisch und ingenieurtechnisch wichtiges Dokument. Sie ist ein reiner repräsentativer Vertreter des Typs Gitterbrücke, der in dieser Art der Konstruktion nur während weniger Jahre hergestellt wurde und heute fast verschwunden ist. Als Zeuge technischer und handwerklicher Leistung besitzt sie einen hohen typologischen Stellenwert. Für die Schweiz erfüllte sie eine Vorbildfunktion für die weitere Entwicklung des Bahnbrückenbaus … Sie ist daher zweifellos ein einprägsames und wichtiges Kulturdenkmal von hoher architektonischer, technischer und handwerklicher Qualität.»[1]

---

1 Hansjörg Stalder: «Das Homburgertal: Die Eisenbahn prägt eine Landschaft». Liestal 2013.

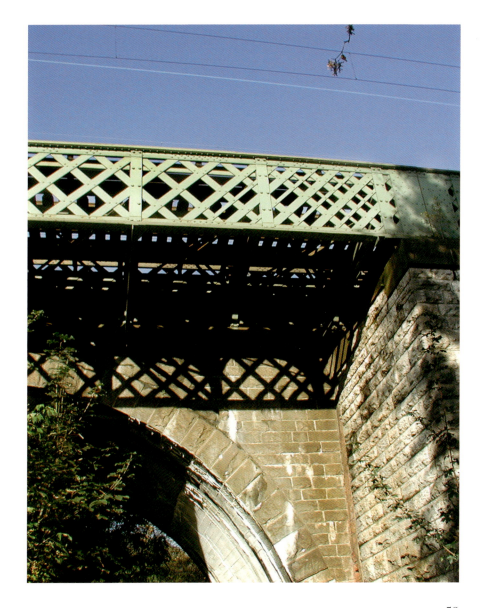

Landauf, landab

Das Andreaskreuz

Verkehrszeichen gibt es unzählige in verschiedener Ausführung, aber nur eines verweist auf die christliche Urgeschichte; es ist das Andreaskreuz. Es erinnert an den Apostel Andreas, der gemäss Berichten aus dem 4. Jahrhundert an einem Kreuz gestorben sein soll, dessen Balken diagonal angeordnet waren. Längst ist deshalb dieses spezielle Kreuz-Attribut des Apostels bekannt, doch heute dient es in einem durchaus weltlichen Sinn als auffälliges Verkehrszeichen; mit seinen gekreuzten weissen und rot umrandeten Balken macht es die Verkehrsteilnehmer auf unbewachte Tram- oder Bahnübergänge aufmerksam, die leider immer wieder zu Todesfallen werden. Ab 2015 dürfte aber das Andreaskreuz glücklicherweise landauf, landab immer seltener werden; der Bund hat auf Ende dieses Jahres die Aufhebung aller unbewachten Bahn- und Tramübergänge beschlossen.

Velonummern

Schweizer und Schweizerinnen sind spitzenversichert, doch seit kurzem ist das Sicherheitsgefühl eben dieser Schweizer und Schweizerinnen ein klein wenig geritzt worden. 2010 beschloss nämlich das eidgenössische Parlament in Bern die Abschaffung der seit 1989 verwendeten obligatorischen und selbstklebenden

Velonummer aus dem Jahr 1910

Velovignette – offiziell Fahrradkennzeichen oder Fahrradnummer – auf Ende 2011. Und damit erlitt der Versicherungsschutz der Eidgenossen – die Velovignette war eine Haftpflichtversicherung für Schaden an Dritten, die mit bis zu zwei Millionen Schweizer Franken gedeckt war, – eine kleine Einbusse, die aber durch andere Massnahmen wieder aufgehoben wurde.

Der Velovignette vorausgegangen waren ab 1890 die aus Eisenblech oder Aluminium gefertigten Veloschilder, die man an die Velos zu schrauben hatte und die es erlaubten, anhand einer eingestanzten Nummer den Besitzer des Fahrzeugs zu ermitteln. Darüber hinaus war aber dieses Velo-Zubehör sichtbarer Ausdruck kantonaler Kreativität. Während nämlich die welschen Kantone mit gestanzten Veloschildern glänzten, emaillierten die Deutschschweizer ihre Nummern, und selbstverständlich waren auch Grösse und Farben im Zeichen unseres Föderalismus von Kanton zu Kanton unterschiedlich. Erst ab 1956 kam es zu einer langweiligen Vereinheitlichung dieses kreativen Wirrwars: Fortan war bis 1989, dem Geburtsjahr der Velovignette, das Rechteck angesagt, auf dem die Kantons-Initialen auf rotem Grund in unterschiedlichen Farben prangten.

Tempi passati – an die altväterische Velonummer – die letzten Alu-Schilder wurden 1988 geprägt – erinnern sich bald nur noch Sammler, und die wissen zu berichten, dass vor allem die Nummern der 70er und 80er Jahre gesucht sind, denn «so eine Velonummer mit Geburtsort und Jahrgang ist ein gutes Geburtstagsgeschenk.»[1] Der bekannteste Baselbieter Sammler, der Muttenzer Marco Fritz, besitzt über 10 000 Velo-Schildchen. «Ich fand es schade, dass diese typisch schweizerischen Schildchen verschwinden sollen», bekennt er, und so klapperte er zwei Jahre lang Polizeiposten, Gemeinden und Velohändler in der ganzen Schweiz ab mit dem Ziel, möglichst viele Velonummern vor der Vernichtung zu retten.[2] So kam es, dass das «Velonummern Museum» des Baselbieters, dies die offizielle Bezeichnung der Sammlung,[3] heute jenes des Luzerner Verkehrshauses übertrifft.

1 Josef Hofmann: Velonummern symbolisieren Kantönligeist, bz, 17. November 2011.
2 Ebd.
3 Die Sammlung kann unter www.velonummern.ch eingesehen werden.

Als es noch keine Raser gab

Beinahe keine Woche vergeht ohne Rasermeldung. Wir fragen uns, seit wann gibt es sie denn, diese Raser, die mit übertriebener Geschwindigkeit unsere Landschaft innerorts wie ausserorts durchbrausen? Wir verzichten auf eine präzise Chronologie dieses im Zeichen der gesteigerten Mobilität des späten 20. Jahrhunderts landauf, landab zu beobachtenden Phänomens und wenden uns der ruhigeren «guten, alten Zeit» zu, als das Automobil seinen Siegeszug begann.

Was heute für Jedermann und Jedefrau selbstverständlich ist – das «Zurkenntnisnehmen» und Befolgen der vielen Verkehrszeichen längs unserer Strassen – das steckte noch in den Kinderschuhen, oder einfacher ausgedrückt: Es gab damals noch keine Verkehrssignalisation. Die Zeichenvielfalt, die uns heute so geläufig ist und uns manchmal auch bedrückt, – sie war noch in weiter Ferne, denn die Gesetzgebung begann sich nur zögerlich der neuen Entwicklung anzunehmen. 1904 kam es zu einem ersten Konkordat einiger Kantone – selbstverständlich war auch der Kanton Basel-Landschaft mit von der Partie – über eine einheitliche Verordnung betreffend den Motorwagenverkehr. In Artikel 6 wurde festgehalten: «Jeder Fahrer soll seinen Wagen mit einer Warnvorrichtung versehen, diese hat aus einem tiefen

Foto: Autobus AG Liestal

Ton zu bestehen, mit Ausschluss jeden anderen Signals.» Artikel 8 legte fest: «Von Beginn der Dämmerung an soll während der Nachtzeit jeder Motorwagen vorn mit zwei Laternen versehen sein: die eine mit grünem, die andere mit weissem Licht, die Erstere links, die andere rechts angebracht. Die Laterne mit grünem Licht darf auch einen weissen Streifen in der Mitte haben oder in der Mitte weiss sein.» Und Artikel 9 – und dieser interessiert uns vor dem Raserhintergrund ganz besonders – regelte das Tempo: «Niemals darf die Geschwindigkeit, selbst in flachem Lande, dreissig Kilometer in der Stunde überschreiten.» Bei Brücken und in engen Strassen sei sie hingegen auf «diejenige eines Pferdes im Schritt, d.h. auf 6 Kilometer» herabzusetzen. Das Jahr 1911 brachte dann eine erste Revision, sie legte neu fest: «Die zulässige Geschwindigkeit ist in Ortschaften von 10 auf 18 Kilometer und in flachem Lande von 30 auf 40 Kilometer erhöht. Es ist dies eine Geschwindigkeit, die, wenn sie wirklich eingehalten wird, im Allgemeinen Anlass zu Klagen über Belästigung des Publikums kaum mehr geben wird.»

Wie recht hatte doch damals der Gesetzgeber!

Wenn vom frühen Autoverkehr die Rede ist, dann darf auch noch an die Strassenverhältnisse in den Dörfern zu Beginn des 20. Jahrhunderts erinnert werden: So etwa könnte man sie kurz und bündig umschreiben – bei Regenwetter schlammig, bei Trockenheit staubig, denn noch gab es keine Asphaltierung. A propos Staubplage: Da lesen wir in der Basellandschaftlichen Zeitung vom 17. April 1906 einen Augenzeugenbericht, der an Deutlichkeit nichts zu wünschen übrig lässt und auch zeigt, wie skeptisch die Bevölkerung der neuen Verkehrsentwicklung gegenüberstand. «Wer am letzten Karfreitag auf unseren von Basel nach Liestal führenden Strassen die Aufwirbelung des Staubes mit ansah, welche durch das beständige Hin- und Herfahren der Automobile und Velos verursacht wurde, wer beobachtete, wie die vielen Hunderte von Baslern, die den schönen Tag zu einer Fusstour nach Muttenz und Pratteln benutzten, ihren Weg beständig durch aufwirbelnde Staubwolken zu nehmen hatten, und sah, wie sich Frauenzimmer 30 bis 50 Schritte weit in die anliegenden Äcker und Matten hinein flüchteten, um ihre Kleider durch Verstaubung nicht ganz zu Grunde richten zu lassen, der musste sich überzeugen, dass bezüglich einer derartigen Benutzung unserer Strassen Wandel geschaffen werden muss. Da unsererseits von einer wirksamen Bespritzung herwärtiger Strassen der Kosten wegen nicht die Rede sein kann, so bleibt uns nur übrig, die Benutzung unserer Strassen für den Automobilverkehr zu Zeiten, da dieselben infolge trockenen Wetters mit höherem Staub bedeckt sind, zu verbieten.»

Nun, das geforderte Verbot und der erhoffte Wandel liessen auf sich warten, resigniert hiess es 1912: «Dieses moderne Verkehrsmittel kann nicht mehr unterdrückt werden.» Und bei dieser «Nicht-Unterdrückung» ist es bekanntlich bis heute geblieben – Staubaufwirbler und Raser hin oder her!

Zeglingen

Der Eingang zur Unterwelt

Wir wissen, dass bei den alten Griechen die Vorstellung einer Unterwelt eine grosse Rolle gespielt hat; tief unter der Erde lag sie, umgeben von Gewässern und nur den Toten zugänglich. Kann wohl auch das Baselbiet mit einem solchen Zugang zur Unterwelt aufwarten? Ja, es gibt ihn, er liegt nahe bei Zeglingen, dort wo der Tafeljura auf die schroffen Felsköpfe und Waldketten des Kettenjuras trifft. Begleiten Sie mich zum Ort des Geschehens – von Zeglingen Dorf aus gehen wir auf der Strasse Richtung Wisen. Nach rund einem halben Kilometer erblicken wir halblinks vor uns im Tälchen ein merkwürdiges Bauwerk, das gar nicht in diese idyllische Mattenlandschaft passen will. Es ist der quadratische «Deckel» des Tunnelschachtes,

der anfangs des 20. Jahrhunderts von der SBB zur Entlüftung des Hauenstein-Basistunnels gebaut worden ist. «Und nun, nur Mut, treten wir näher zum Schacht! Erwartungsvoll spähen wir durch das Gitterwerk ins dunkle Schachtinnere. Nichts – nur Stille … Da beginnt es plötzlich zu brausen und stürmen: Ein ‹Auswind› fegt heftig durch die Gitter nach aussen – und hinein in die friedliche Agrarlandschaft von Zeglingen; angetrieben von irgend einem Schnellzug, der unterwegs ist nach Mailand oder Köln. Und dann: Windstille und dafür ein lautes Donnern des Zuges mit regelmässigem Achsenschlag. Danach folgt ein fein lispelnder Windzug schachtab, dem Zuge nach und hinaus in die weite Welt.»[1]

Der Zeglinger Tunnelschacht weist eine Tiefe von 133 Meter auf; er liegt bei Kilometer 32,241 in der Tunnelmitte und dient der Ventilierung der Tunnelluft. Während er heute seine Bedeutung weitgehend eingebüsst haben mag, war er früher, als die Strecke noch mit Dampf befahren war, von einiger Wichtigkeit. Damals hat sich vielleicht ab und zu auch eine kleine SBB-Rauchwolke in den Himmel über den Jurahöhen verirrt.

---

[1] Ein kleines ‹Hörspiel› am Tunnelschacht, in: Werner A. Gallusser: Vertikale Verbindung mit der Welt. Basler Zeitung, 8. Oktober 2003. S. 18.

10er- und 11er-Tramlinie

Vom Billeteur zum Billettautomaten

Unsere Welt wird zusehends automatisiert und ent-persönlicht: früher unregelmässiges Läuten der Kirchenglocken von Hand; heute elektrisches, undifferenziertes und automatisches Glockengeläute – früher gesellige Dorf- und Quartierlädeli; heute Schlangestehen an der Fliessbandkasse – früher freundliche Schalterdienstleistungen; heute geldspeiende Bancomaten. Last, not least: gestern knipszangenausgerüstete Billeteure – heute mal funktionierende, mal nicht funktionierende Tram- und SBB-Billettautomaten, deren Bedienung gelernt sein will. Stehen wir am Ende oder gar am Anfang dieser Entwicklung? Letzteres dürfte zutreffen – zum Leidwesen vieler älterer automaten-ungewohnter Zeitgenossen, zum courant normal aber der Jüngeren, die mit dem Handy in der Wiege aufwachsen.

Für die 10er- und 11er-Tramlinie lässt sich die Wende vom Billeteur oder Kondukteur zum Billettautomaten auf den Tag genau datieren. Es geschah zu mitternächtlicher Stunde auf den Jahreswechsel 1970/71 hin.

Wie haben sich jüngere Leute der Billettautomatengeneration einen Billeteur oder – während des Zweiten Weltkrieges – eine Billeteuse vorzustellen?

«Selbstverständlich in Uniform, denn Uniformen verschaffen Ansehen, und Billeteure waren darum allseits anerkannte Respektspersonen: ‹Der Kondukteur hat sich gegenüber dem Publikum dienstfertig und höflich, aber kurz und entschieden zu benehmen. Unterhaltung mit den Reisenden oder dem Wagenführer ist verboten ….› Die Zuständigkeit der Billeteure betraf einerseits den Verkauf sowie die Kontrolle bereits gekaufter Billette und Abonnemente; zusätzlich fiel in ihren Verantwortungsbereich der Zeitpunkt der Abfahrt eines Tramzuges. Das Fahrdienstreglement hielt unmissverständlich fest: ‹Die Wagen oder Züge dürfen nur auf Befehl der Kondukteure des Motorwagens in Bewegung gesetzt werden.› Selbstverständlich war der Billeteur auch für die korrekte Ansage der Haltestellen sowie für die Ordnung im Tram verantwortlich. ‹Es ist Sache des Kondukteurs›, hiess es, ‹dass in den Nichtraucherwagen und -abteilen nicht geraucht und den Spuckverboten nachgelebt wird.›

Die dunkle Uniform liess sich sehen; während die Wagenführer (der Birseck- oder 10er-Linie des Trams) eine leichte Bluse trugen, waren die Billeteure einheitlich dunkel gekleidet, ihre Hosen zierten rote Längsstreifen, so genannte Passepoils; zu ihrer obligaten Ausrüstung gehörten ferner in den zwanziger und dreissiger Jah-

«Das persönliche Loch»

Eine der wichtigsten Aufgaben der Billeteure war das Kontrollieren sowie das Coupieren der Billette mit der Billettzange. Ein Insider führt uns Nachgeborene, die wir das Tram nur noch als automatisierten Betrieb kennen, in die Geheimnisse der Coupiersprache ein.

«Um feststellen zu können, wer eventuell ungenau oder gar falsch coupiert hatte, oder aber, im Gegenteil, zu beweisen, dass keine Ungenauigkeit oder kein Fehler begangen wurde, hatte jeder Billeteur ein anderes Coupierloch an seiner Zange. Da gab es Sterne, Kreuze, Halbmonde, Blümlein, Herzen, Dreiecke, Vier- und Rechtecke, Stäbe, Ovale und Eier, um nur ein paar zu nennen. Bei rund tausend Billeteuren ist es eigentlich erstaunlich, dass dieses System, welches vermutlich aus den Anfängen des Trambetriebs übernommen wurde, beibehalten werden konnte. Wer viel mit dem Tram fuhr, konnte sich während der Fahrt an der Vielfalt der «Löchli» ergötzen, besonders wenn er das Fünf-Franken-Kärtli benutzte. (Das 20-Minuten-Blatt gab es ja damals noch nicht!) Mit der Zeit gelang es dem eifrigen Trambenützer sogar, anhand der Löchliformen gewisse Billeteure zu erkennen.»

Tony Haas: Billjee gfelligscht. Basel 1985. S. 17

ren des 20. Jahrhunderts der mit kleinen, weissen, die Stoffreibung verhindernden Krällchen besetzte steife Kragen sowie die Schirmmütze, die entsprechend der Mode oft auch ihre Form änderte und mit dem beidseits geflügelten BEB-Kürzel (Birseckbahn) etikettiert war. Herzstück der Ausrüstung eines Billeteurs war einerseits die an einem Lederbändel in der Kitteltasche verwahrte Signalpfeife, anderseits die umgebundene Billettkasse, die in sechs Röhrchen Wechselgeld bereithielt, 5-, 10-, 20- und 50-Rappenstücke, sowie Ein- und Zweifränkler – alles Münz, das auf Fingerhebeldruck heraussprang. Eine Ledertasche, die der Billeteur ebenfalls um den Bauch trug, vervollständigte die Ausrüstung; sie enthielt ein Sortiment Abreiss-Billette sowie Abonnemente. Und selbstverständlich durfte auch die Zange nicht fehlen, mit der gelocht, beziehungsweise entwertet wurde.»[1]

Foto: René Salathé, «Der 11er: die Erfolgsgeschichte einer Tramlinie». Oberwil 2007. S. 45

1 René Salathé: «Geschichte und Gegenwart der Birseckbahn 1902–2002». Oberwil 2002. S. 34ff.

Augst

Die «Niemandsbrücke»

«Niemandsland» – das dürfte bekannt sein! Ganz anders die Wortschöpfung «Niemandsbrücke» – wer hat je von ihr gehört? Dabei gibt es sie doch seit langem. Die Rede ist von der sogenannten «Zeppelin-» oder «Kraftwerkbrücke», die im Mündungsbereich der Ergolz von Basel-Augst nach Kaiseraugst führt. Und das ist ihre Geschichte: Klar ist, dass sie zwischen 1908 und 1912 im Zusammenhang mit dem Bau des Kraftwerks erstellt wurde; sie diente damals als Schwerlastbrücke für die Anlieferung von schweren Maschinenteilen für das Kraftwerk; unklar blieb dagegen lange Zeit, wer eigentlich ihr Besitzer war. Entsprechende Nachforschungen in alten Dokumenten blieben ebenso erfolglos wie die Befragung von Zeitzeugen. Ein Eintrag im Grundbuch fehlt. Auch als vor rund zwanzig Jahren das Kraftwerk sie an die Kantone Baselland und Aargau verkaufte, wurden keine entsprechenden Dokumente zur Zeppelinbrücke verfasst. Das Kraftwerk Augst AG nutzte die

Brücke, die heute im Naherholungsgebiet der Ergolzmündung für den Autoverkehr gesperrt und lediglich für Fussgänger zugänglich ist, bis vor zwanzig Jahren regelmässig. Der Betrieb besass damals noch Ländereien und Werkstätten auf der Kaiseraugster Seite. Diese Grundstücke sind mittlerweile grösstenteils abgestossen worden oder werden nicht mehr beansprucht. Lange wurde deshalb davon ausgegangen, dass die Brücke der Kraftwerk Augst AG gehört. Dass sie jedoch scheinbar in niemandes Besitz ist, wurde erst publik, nachdem die Kraftwerk Augst AG die Brücke vor ein paar Jahren veräussern wollte. In der Zwischenzeit ist die Zeppelinbrücke in die Jahre gekommen; sie muss saniert werden. Vor dem Hintergrund der ungelösten Besitzverhältnisse leichter gesagt als getan. So kam es eben 2012 zu einem Runden Tisch, und oh Wunder: Fünf Parteien – die Kantone Aargau, Baselland, die Gemeinden Augst und Kaiseraugst und last, not least die Kraftwerk Augst AG – beschlossen, sich an den Sanierungskosten in der Höhe einer halben Million zu beteiligen. Damit es aber keinen weiteren Runden Tisch braucht, wurde entschieden, dass die Unterhaltskosten für die «Niemandsbrücke» in Zukunft von Augst und Kaiseraugst berappt werden müssen. Im August 2014 kam es dann endlich zum letzten Streich: Die Brücke wurde von den beiden Anstössergemeinden vertraglich und «grundbuchamtlich» in Besitz genommen.

So weit, so gut! Noch aber bleibt ein Geheimnis: Warum um Himmels Willen heisst die Brücke im Volksmund Zeppelinbrücke? Trägt sie etwa – ähnlich wie beim Eiffelturm – den Namen ihres Erbauers? Natürlich nicht, namengebend dürfte vielmehr die sanfte Bogenform der Brückensegmente gewesen sein, die eben an die weichen Konturen eines Zeppelins erinnert.

Und das bringt uns schliesslich auf die Frage: Gibt es ausser dieser quasi architektonischen Annäherung an den Zeppelin noch andere Baselbieter Zeppelin-Berührungspunkte? Und ob! Am 12. Oktober 1930 landete das Luftschiff «Graf Zeppelin» auf dem Birsfelder Sternenfeld. Es war eine Sensation! Die Zuschauermenge – 30 000 Menschen – war unübersehbar, obwohl es ohne Unterlass regnete. Man befürchtete, das Luftschiff werde durch den heftigen Wind gegen das Grenzacher Horn abgetrieben. Da es keinen Landemast für Luftschiffe gab, war ein Geniebataillon als Haltemannschaft aufgeboten worden, und so verliefen dann Landung und Start problemlos.

11er-Tramlinie

«Dante Schuggi»

Die Schweiz ist eine Bahnnation, und das schlägt sich auch sprach-romantisch in liebevollen Bezeichnungen aus dem Bahn- und Trambereich nieder. Ein Musterbeispiel liefert die «Dante Schuggi», ein Motor-Tramwagen, der lange Zeit auf der 11er-Linie zwischen Aesch und Basel im Einsatz stand.[1] Mit seinen 21,68 Tonnen war er zwar alles andere als eine feingliedrige Tramdame, sondern eher eine behäbige und robuste Matrone, die – gemessen an heutigen Werten – sogar etwas Übergewicht auf die Strecke brachte. Ihre Geburtsstunde schlug 1914 an der Landesausstellung in Bern, wo sie als ausgesprochenes Prunkstück viel Bewunderung erntete und eine Goldmedaille als fortschrittlich technische Lösung einer Überlandbahn erhielt.

Eigentlich hätte «Dante Schuggi» als Vorbild für Überlandstrecken-Fahrzeuge dienen sollen; da sie aber nicht nachgebaut wurde, blieb sie in Basel während 34 Jahren der einzige Vierachser-Typ. 1972 konnte «Dante Schuggi» nach 58 Dienstjahren endlich den verdienten Ruhestand antreten. In ihrer Karriere hatte sie insgesamt 3 489 735 Kilometer zurückgelegt, was 86 mal dem Erdumfang am Äquator entspricht!

Foto: E. Birkenmaier, «Dante Schuggi», Tramclub Basel

1 René Salathé: Der 11er: die Erfolgsgeschichte einer Tramlinie. Oberwil 2007. S. 38

Baselbieter Rezepte

HERAUSGEGEBEN
VOM
GEMEINDERAT ARBOLDSWIL
1978

Kulinarisches

76 Die Baselbieter Gastro-Szene im Wandel
79 Baselbieter Rezepte
81 Der Mohrenkopf
82 «Ruuntäfeli»
83 Chüechlifrauen

Landauf, landab

Die Baselbieter Gastro-Szene im Wandel

Es war 1978, als der Arboldswiler Historiker Peter Suter der alten Baselbieter Küche in einer kleinen Broschüre «Baselbieter Rezepte» ein Denkmal setzte. Es waren Menus, die noch zu Beginn des 20. Jahrhunderts in der ganzen Region bekannt waren. Sie geben ein Stimmungs- und Spiegelbild der Wirtschaftslage auf der Landschaft, aber auch der Finanzlage sowie der Einstellung zum Leben und zum Geld, so etwa wie es der Waadtländer Wachtmeister und Dichter Urbain Olivier beobachtete, der während der Trennungswirren mit den eidgenössischen Ordnungstruppen in einigen Baselbieter Dörfern stationiert war.

«Diese armen Basler können keine guten Suppen oder Getränke zubereiten. Hier gibt's nichts dergleichen! … Branntwein, Kohl, Speck, Kartoffeln und die ewigen Schnitz (et les éternels Schnitz); das ist die ganze Kochkunst unserer Gastgeber.» 2014, mehr als anderthalb Jahrhunderte später, sind die «Schnitz» beinahe «ausgestorben», und ein gleiches Schicksal hat wohl auch der «Chirsitschope» erlitten.

Unterdessen haben sich im Zeichen der Globalisierung neue Essgewohnheiten breit gemacht, wie es beispielsweise das Sissacher McDonald's Restaurant demonstriert. Was macht, abgesehen von seinem kulinarischen Angebot, seine Besonderheit aus? Es ist das architektonische Outfit, das wir eigentlich eher in Los Angeles

als in Sissach erwarten würden. Und was für das Sissacher McDonald's Restaurant gilt, hat seine Richtigkeit auch für alle anderen McDonald's-Schwestern, ob sie nun in Allschwil, Füllinsdorf, Laufen, Liestal, Münchenstein, Therwil oder eben in Los Angeles, in Japan, Südafrika, Nordamerika oder in Australien stehen, wo immer es sie gibt, gleichen sie einander wie ein Ei dem anderen. Nationale architektonische Eigenheiten sind ausgewischt, wie es auch das kulinarische Angebot erkennen lässt.

So ist Küchen-Internationalität im Baselbiet längst zur Selbstverständlichkeit geraten. Das beweist auch die Tatsache, dass die Zahl der Restaurants, die einen «anständigen und bürgerlich vertrauten» Namen tragen – Linde, Traube, Rebstock, Adler, Schwanen, Kreuz, Jägerstübli, Rössli etc. – seit der Mitte des letzten Jahrhunderts zu Gunsten eines internationalen Namenssalates, der fast ein wenig an den Turmbau zu Babel erinnert, kleiner geworden ist. Von italienischen Namen – Da Angelo, Cuor d'Oro, Pizza Amore, Passaggio – geht es zu französischen: Bijou, Beau-Site, Brasserie, Le Paradis –, zu spanischen: El Jardin, Don Pincho –, zu asiatischen: Ruen Chan Thai Restaurant, Lung Shing, Restaurant Tu Chuong und last, not least zu englisch-amerikanischen: Angry Monk, The Boomerang, Bombay-Palace, Bowling Park, Country Live, Kentucky Saloon.

Fazit: Das Dorf ist zur Welt geworden – oder besser: Die Welt ist zum Dorf geworden.

Und zum Schluss eine tröstliche Feststellung: Das Rössli bleibt mit seinen sechzehn so verschieden gestalteten Wirtshausschildern – sie reichen vom Rokoko bis zur Grafik des 20. Jahrhunderts – unangefochtener Namens-Rekordhalter.

Wirtshausschild des «Rösslis» in Reinach

Baselbieter Rezepte

Das oben erwähnte, den alten Baselbieter Menüs gewidmete Büchlein Peter Suters greift zurück ins 19. Jahrhundert, das in der Küche noch weitgehend auf Selbstversorgung aus Feld, Garten und Stall basierte und damit «eindeutig Spiegelbild der damaligen Wirtschaftsform auf der Landschaft»[1] war. Seine Rezepte bringen aber auch «die Finanzlage, die Einstellung zum Leben und zum Geld, sowie Brauchtum und Sitte» der damaligen Zeit zum Ausdruck.

«Eine grosse Rolle spielten damals die beschränkten Konservierungsmethoden. Im Vordergrund stand eindeutig die Kellerlagerung. Die damalige Bauweise der Häuser, die Heizart im Winter und die haltbaren früheren Apfelsorten erlaubten eine lange Lagerung von Obst und Feldfrüchten. Von gleicher Bedeutung war das ‹Deeren› (Trocknen) von Bohnen. Kern- und Steinobst, sowie das saure und süsse ‹Einmachen› von Gemüsen, Beeren und Obst (Sauerkraut, Konfitüre). Die einzig haltbare Fleischkonserve auf der Landschaft waren geräucherter Speck und Rippli.»

«Auffallend ist die grosse Armut von Frischgemüsen. Es ist daher nicht verwunderlich, dass alle Leute im Frühling auf die ersten Wildgemüse (Bärlauch, Brennessel, Löwenzahn) versessen waren. Fleisch wurde in wirtschaftlich guten Zeiten am Dienstag, Donnerstag und Sonntag auf den Tisch gebracht.»

Und nun einige «Auswahl-Rezepte»: eine Suppe sowie Speisen ohne, bzw. mit Fleisch:

Brotsuppe
«Brotreste in kleine Stücke stossen (auch dürres Brot), ein Stück Anken heiss machen, die Brosamen kurz anbraten, und fein geschnittene Zwiebeln daruntermischen, bis sie glasig sind. Mit Wasser oder Fleischbrühe löschen. Salz und Muskat beigeben und 15 Minuten ziehen lassen. In der Anrichteschüssel über ein verrührtes Ei anrichten»

---

[1] Alle Zitate aus Peter Suter «Baselbieter Rezepte», herausgegeben 1978 von der Gemeinde Arboldswil.

Fotzelschnitte
«Man schneide Weissbrot in nicht zu dünne Scheiben, übergiesse sie in einer Schüssel mit kalter Milch (oder Weisswein), lege sie nach 2 Minuten nebeneinander auf ein Brett oder eine Platte. Die Eier verklopfe man nebst Salz mit einer Gabel, rühre das Mehl damit an, tauche die geweichten Schnitten darin und backe sie in heisser Butter schwimmend gelb, ziehe sie dann mit dem Schaumlöffel heraus, lasse sie im Siebbecken vertropfen, bestreue sie mit Zucker und Zimt und serviere sie sogleich zu Kaffee oder gekochtem Obst.»

Chirsitschope alias Chirsipfäffer
«Dass es im Land der Kirschen auch Kirschenrezepte gibt, versteht sich. Für den Chirsitschope weicht man kleine Stücke alten Brots in heisser Milch in einer feuerfesten Form ein. Das lagenweise eingebrachte Brot mischt man vorzugsweise mit säuerlichen Kirschen (Surhäner) und streut etwas gemahlene Haselnüsse darüber. Dann werden drei Eier mit ½ l Milch, zwei Esslöffeln Zucker und einem Esslöffel Maizena verrührrt und über den Auflauf gegossen. In der Mitte des Backofens braucht der Chirsitschope bei ca. 185° C ungefähr ¾ Stunden.»

Oepfelchüechli
«Suuri Äpfel schälen und in nicht zu dicke Scheiben schneiden, Kerne herausbohren, mit Zucker und Zimt bestreuen und mit Kirschwasser begiessen, zugedeckt ½ Stunde stehen lassen. Dann tauche man jedes Stückchen Apfel in den Teig und backe sie, mit demselben reichlich umgehend, in heisser Butter schwimmend auf beiden Seiten braun, lasse sie gut vertropfen und serviere sie mit Zucker und Zimt bestreut.»

Zibelegschmäus
«Zwiebeln in Fett dünsten und Brotschnäfel beigeben. Mit wenig Fleischbrühe löschen. Dazu Schweinsbratwürste und Lederapfelschnitze servieren.»

Schnitz mit Speck und Härdöpfel
«Gedörrte (oder frische) Birnen- oder Apfelschnitze am Vorabend (frische selbstverständlich nicht!) einweichen. Schnitze mit Speckwürfeln im Einweichwasser weich kochen. Eine halbe Stunde vor dem Anrichten leicht gesalzene Kartoffelstücke mitkochen. Vor dem Anrichten gut vermischen.»

Laufen
Der Mohrenkopf

Der Mohrenkopf weckt zwiespältige Gefühle: Er tönt rassistisch und erinnert an Kannibalismus, nicht zuletzt auch, weil er tatsächlich gegessen wird. Doch der rassistische Verdacht trifft ins Leere: Der in eine dünne, glänzend-goldene Alufolie eingepackte Mohrenkopf ist nichts anderes als ein mit weisser, süsser Eiweissmasse gefüllter Schokoladezapfen, der sich über einem dünnen und runden Waffelboden erhebt.

Seine Geschichte «beginnt wohl im deutschen Fachbuch *Das Bäckergewerbe der Neuzeit* (1899), in dem ein Rezept für einen Schaum-Mohrenkopf mit Mehl und Eigelb zu finden ist. 1944 findet sich der Schaum-Mohrenkopf auch in einem schweizerischen Fachbuch. Zu dieser Zeit beginnen auch zwei kleine Unternehmen im Aargau und in dem damals bernischen Laufental mit ihrer Mohrenkopf-Produktion.»[1] Seither ist der Mohrenkopf die kulinarische Visitenkarte des Laufentals. «Richterichs Mohrenköpfe, seit vielen Jahrzehnten nach Familienrezept produziert, sind die besten überhaupt – und das weit über die Baselbieter Grenzen hinaus», urteilt «Baselland von A bis Z».[2] Kann es da verwundern, dass die Richterichs in Laufen einen Zunamen erhalten haben? Sie sind die «Mohren».

---

1 Paul Imhof: Das kulinarische Erbe der Schweiz. 2013. S. 163.
2 Baselland von A bis Z. Basel 2012. S. 158.

Gelterkinden
«Ruuntäfeli»

Nicht nur der Mohrenkopf, auch das Ruuntäfeli (Ruun = Rahm) gehört – oder besser gehörte lange Zeit zum kulinarischen Erbe des Baselbietes. Sein Epizentrum lag in Gelterkinden, wo in guten Zeiten gleich drei Manufakturen diese süsse Schleckerei herstellten. Am bekanntesten dürfte dabei das Baselbieter «Bettmümpfeli» von Willy Weber geworden sein. Sein Rahmtäfeli machte Karriere und schaffte es bis in die Caramelita-Glace von Mövenpick.

Mangels interessierter Nachkommen verkaufte Willy Weber jun. das Unternehmen an Peter Klein in Münchenstein, dessen Holding AG bereits die Firmen André Klein AG und die Läckerli-Huus AG (Basler Läckerli) besass. 2007 veräusserte Klein sein «süsses Imperium» an eine Zürcherin, die in einem «Akt historischer Ignoranz» das «Baselbiet» von der Rahmtäfeli-Verpackung wischte. Damit nicht genug: «Das berühmte Baselbieter Rahmtäfeli wird neuerdings als Basler Original angepriesen», schreibt der Journalist Ruedi Suter. Und weiter: «Es hagelte Proteste.

Foto: Basler Zeitung vom 27. Januar 2009

Die Baselbieter fühlten sich an die Wirren der Kantonstrennung erinnert».[1] – Das Rahmtäfeli, zwar lange nach der Trennung von 1832 auf den Markt gekommen, war zu einer halbkantonalen identitätsstiftenden Ursprungsikone geworden. Der Protest vieler Baselbieter gegen die Namensänderung war harsch, aber erfolglos. – Am 27. Januar 2009 erschien denn auch in der Basler Zeitung ein Nekrolog auf «die letzten Baselbieter Rahmtäfeli». Mehr als 15 Jahre nach dem Verkauf seines Unternehmens liess sich Willy Weber beim Kochen der hellbraunen, weichen und mürben Delikatesse beobachten.

1 Paul Imhof: Das kulinarische Erbe der Schweiz. 2013. S. 164 f.

Reinach

Chüechlifrauen

Es gibt Hausfrauen, es gibt Landfrauen, und es gibt – zumindest in Reinach – Chüechlifrauen, und das ist ihre Charakteristik: Sie verweigern sich für einen Tag, am Gründonnerstag nämlich, dem Kauf schön eingepackter Fasnachtschüechli im Coop, in der Migros oder beim Bäcker. Dafür widmen sie sich mit Fleiss und Engagement der eigenen und betont handwerklichen Produktion dieser Frühlingsspezialität, indem sie wie anno dazumal den Teig möglichst dünn auswallen und ihn dann von Hand über dem mit einem Küchentuch bedeckten Knie ausziehen, bis die Unterlage durchschimmert. Das Backen im heissen Öl und das Zucker-Bestäuben beenden den Arbeitsgang.

Die Reinacher Chüechlifrauen – es sind die Gattinnen von Mitgliedern der Zunft zu Rebmessern – haben sich seit 1983 dieser Arbeit verschrieben; seither offerieren sie Jahr für Jahr diese selbst hergestellten Leckerbissen Schülern, Lehrerinnen und Lehrern vor dem Gemeindehaus am Schmutzigen Donnerstag bei Anlass des Kinderumzugs. «Heute werden am Schmutzigen Donnerstag an über 1200 Schüler und Lehrer rund 10 000 Fasnachtschüechli abgegeben. Für diesen Brauch arbeiten 16 Frauen von Zunftbrüdern zweieinhalb Tage in der Küche der Weiermatthalle. Emsig werden dort 300 Eier, 55 kg Mehl, Butter, Rahm und Zucker gerührt, gesiebt, gerädelt, gebacken und gezuckert.»[1]

---

1   «50 Jahre Zunft zu Rebmessern». Reinach 2007. S. 36.

Glaube

86 20 * C + M + B + 10
88 Der Ritterschlag
90 Von einer griechisch-orthodoxen Kirche und einer Moschee
92 Der «Füdlebluttstei»

Birseck, Laufental

20 * C + M + B + 10

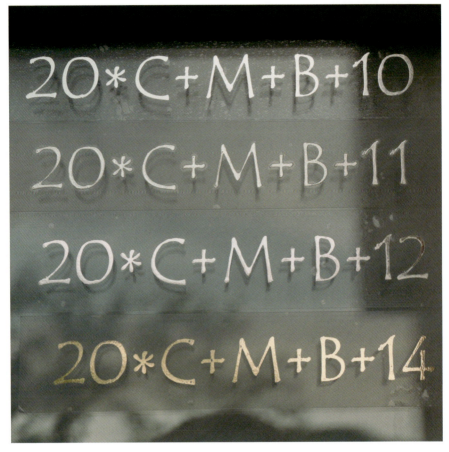

Foto: Thomas Bretscher, Aesch

Wer nach dem 6. Januar im Birseck und im Laufental unterwegs ist, wird über manchen Haustüren diese merkwürdige, von Hand mit einer geweihten Kreide geschriebene Formel entdecken können. Sie ist das Geschenk der Sternsinger, die am Dreikönigstag in königlichen Gewändern von Haus zu Haus unterwegs sind und um eine Spende für einen guten Zweck bitten. Sie folgen dabei symbolisch dem Stern, der schon Kaspar, Melchior und Balthasar den Weg nach Bethlehem an die

Krippe des neugeborenen Gottessohnes gewiesen hatte. Die Initialen C, M und B stehen je nach Deutung für die drei Könige oder für das lateinische «Christus mansionem benedicat» (Christus segne diese Wohnung). 20/10 ist die Jahreszahl, das Sternchen symbolisiert den Stern über Bethlehem, und die drei Kreuze stehen für die Dreifaltigkeit. Die Spende dient verschiedenen Zwecken. 2010 schlug die Missio, das internationale katholische Missionswerk, vor, für Hilfswerke im Senegal zu sammeln, doch werden die Spenden in jeder Gemeinde anders verteilt. «In Arlesheim kamen in den letzten Jahren 8 000 bis 10 000 Franken zusammen, wovon eine Hälfte für das jährliche Ministrantenlager eingesetzt wird.»[1] In Aesch wurden 2009 gar 18 000 gesammelt, und in Pfeffingen erwartet man gegen 9 000 Franken; in diesen beiden Gemeinden wird das Sternsingen ökumenisch von der Katholischen und der Reformierten Kirchgemeinde gemeinsam organisiert.

Wie bei anderen christlichen Jahresfesten hat sich am 6. Januar der Bericht des Evangelisten Matthäus mit Resten vorchristlicher Kulte und Legenden zu einem neuen Mythos vermischt. «Der Sternsingerbrauch lässt sich bis ins 16. Jahrhundert zurückverfolgen, und die Namen der drei Magier können in der lateinischen Tradition bis ins 6. Jahrhundert nachgewiesen werden. Kaspar ist dabei der Vertreter eines der drei damals bekannten Kontinente, des schwarzen Afrikas. Die Reliquien der drei Sterndeuter sind heute im Kölner Dom aufbewahrt.»[2]

1   Edmondo Salvodelli: Auch im Birseck waren zu Dreikönige die Sternsinger unterwegs und brachten den Segen für das neue Jahr. Wochenblatt für das Birseck und Dorneck. 7. Januar 2010.
2   Ebd.

Pratteln

Der Ritterschlag

Die den Norden und Süden verbindende A2 bewegt sich auf der Höhe von Pratteln in einem ausgesprochenen Flaschenhals zwischen den bewaldeten Ausläufern des Juras, dem immer mehr ausgreifenden Siedlungsbrei und der rheinbestimmten Landesgrenze. Tag für Tag, jahraus, jahrein donnert hier der nationale und der internationale Verkehr durch, der Mobilität sind keine Grenzen mehr gesetzt. Wer sollte sich da noch die Zeit nehmen, den noch immer sehenswerten Prattler Dorfkern mit dem ehemaligen Weiherschloss zu besuchen und auf das Geläute der alten Dorfkirche zu hören?

(Hafen von Venedig)

Wir tun es und lassen uns vom Klang der 1484 gegossenen, sogenannten Eptinger Kirchenglocke berühren. Sie ist eine der ältesten unseres Kantons; unzählige Male hat sie in diesem halben Jahrtausend zum Gebet gerufen und die Menschen bei Taufe, Hochzeit und Tod feierlich begleitet. Und wie oft hat sie auch in der Not – bei Feuer- und Kriegsgefahr – Sturm geläutet! Aus ihrem «Sturm-Repertoire» greifen wir eine der wohl eindrücklichsten Episoden heraus. Wir schreiben das Jahr 1852. In Pratteln liegen sich Gemeinde und Bahnbauer wegen der Trasseeführung der Centralbahn in den Haaren. Johann Martin (1807–1890), Dorfarzt und Gemeindepräsident, berichtet: «Beym Bau über den Bach bei der Zehntscheuer gab es Streit. Sie (die Bahnbauer) wollten gerade über den Bach. Die Gemeinde wollte Bachbett und Strasse nicht ändern. Die Regierung wurde zweimal um Schutz angerufen, aber vergebens. In einer Nacht wurde die Bahn über den Bach nach ihrem Belieben gemacht, nicht nach Plan. Am folgenden Morgen liess ich Gemeinde läuten, alle erschienen und es hiess weg mit dem, Bach und Weg muss bleiben. Alles ging mit Schaufel, Bikel und Karren. Man nahm alles weg und that's an Ort, wo es gewesen. Die Arbeiter flohen 100 an Zahl. Am andern Morgen kam ein Landjäger, ich solle zum Statthalter, ich ging nicht! Zwei mal der gleiche Auftrag, sonst müsse er mich holen lassen. Ich ging abermals nicht und schrieb, wenn er mich abfassen wolle, so werde ich zuerst die Gemeindeglocken ziehen. Es unterblieb bis heute. Die Landjäger flohen, es entstand ein grosser Lärm.»[1]

Doch wie sieht denn diese Eptingerglocke aus?[2] An ihrem oberen Rand trägt sie in gotischen Kleinbuchstaben die Inschrift: «+ rex glorie criste veni nobis cum pace anno domini m ccccclxxxiv +», am Schlagring «+ osanna heis ich in dem namen gooz ward ich her bernhart von eptingen riter und ganc gemein von bratelen machten mich und ludwig peiger von basel gos mich+». Verziert ist die Glocke mit einem kleinen Kruzifix. Ritter Hans Bernhard von Eptingen (gest. 1484), der Glockenstifter, war Besitzer des Dorfes und Bewohner des Weiherschlosses. 1460 unternahm er eine Pilgerfahrt ins Heilige Land an das Grab Jesu in Jerusalem, wo er – Höhepunkt der Reise – zum Ritter geschlagen wurde. In seinem Reisebericht[3] lernen wir ihn als «gebildeten, vielseitig interessierten und gläubigen Katholiken, als Ritter und selbständigen Kopf» kennen. So betätigte er sich denn auch mehrfach als Übersetzer vom Französischen ins Deutsche und war auch des Lateinischen kundig. Fasziniert beobachtete er das Auftreten und Treiben der «Arrabier» oder «hyden» und vermittelte eine Fülle von interessanten Landschaftsbeschreibungen. Die Reise – sie ging in einer Gruppe vor sich – führte von einer heiligen Stätte zur anderen und war nicht ungefährlich.

Die genauen Beweggründe, warum sich Hans Bernhard in seinem Todesjahr mit einer Glockenstiftung verewigt hat, kennen wir nicht, doch darf angenommen werden, dass er mit dieser Glocke – auch im Rückblick auf seine Pilgerfahrt – ein Zeichen der Dankbarkeit für ein erfülltes Leben setzen wollte.

1 Gemäss Mitteilung von Fritz Sutter, Pratteln.
2 René Salathé: Glocken im Baselbiet. Liestal 2011. S. 70.
3 Dorothea A. Christ: Das Familienbuch der Herren von Eptingen. Liestal 1982.
   René Salathé: Basler und Baslerinnen auf Reisen. Basel 2013. S. 11.

Münchenstein, Liestal

Von einer griechisch-orthodoxen Kirche und einer Moschee

Wer je eine Reise nach Russland oder ein anderes osteuropäisches Land unternommen hat, dem werden die golden glänzenden Kuppeln der Kirchen und Klöster unvergessen bleiben. Golden sind sie darum, so erzählt der Volksmund, weil Gott mit diesem Glanz darauf aufmerksam gemacht werden soll, dass er hier verehrt werde.

Seit ein paar Jahren ist nun auch das Baselbiet in diesen Kuppel-Teppich eingewoben, wobei allerdings die Münchensteiner griechisch-orthodoxe Kirche, von der hier die Rede ist, mit ihren verschiedenen Graustufen etwas bescheidener ausgefallen ist als ihre Schwesterkirchen im fernen Osten. Baulich gesehen, entspricht

sie aber mit ihrem kreuzförmigen Grundriss und der Kuppel, die den Kosmos, das Himmelsgewölbe symbolisiert, durch und durch orthodoxer Tradition, und das gilt auch für ihren hellen Innenraum mit der Ikonostase (Bilderwand) und dem übrigen Bildschmuck.

Wer Moschee sagt, der assoziiert ganz selbstverständlich Minarett. Dass es aber auch Moscheen gibt ohne Muezzin und ohne Minarett, das beweist die im Kulturhaus Palazzo in Liestal am Bahnhofplatz eingemietete Moschee der islamischen Glaubensgemeinschaft, einem gegenwärtig von 75 Männern getragenen Verein.[1] Er wurde 1973 durch türkische Muslime gegründet, und sein Gebetsraum zählt damit zu den ersten islamischen in der Nordwestschweiz. Seine Mitglieder sind grösstenteils Sunniten.

«Die im zweiten Stock gelegene Moschee, die täglich zu allen fünf Gebetszeiten geöffnet ist, erreicht man über eine breite Treppe. Beim Eingang hängen Plakate und Flyer. Ein langer Gang, der anschliesst, dient der Schuhdeponie; er führt zum Waschraum, zu einem Schulungs- und Sitzungszimmer sowie zum teppichbelegten Gebetsraum, in dem auch eine kleine Präsenzbibliothek eingerichtet ist. An den Wänden orientieren Tafeln mit Texten und Bildern zum Thema Islam.

Jeweils mittwochs, freitags, samstags und sonntags treffen sich die Vereinsmitglieder aufgeteilt nach Altersklassen zum Religionsunterricht. Am Mittwochnachmittag wird ein Kurs zur Förderung der Integration abgehalten, dabei werden islamische und gesellschaftliche Werte, Verhaltens- und Benimmregeln für den Alltag vermittelt und soziale Probleme thematisiert. Selbstverständlich wird auch Koranunterricht angeboten.»[2]

Sie fragen sich vielleicht an dieser Stelle, wie viele orthodoxe Christen es denn in unserem Kanton gibt und wie gross seine islamische Gemeinschaft ist. Weiss wohl das Statistische Amt Bescheid? Wider Erwarten fällt die Antwort negativ aus, denn der Kanton erfasst statistisch nur jene Religionsgemeinschaften, die er öffentlich-rechtlich anerkennt.

1 Flyer der islamischen Glaubensgemeinschaft.
2 Flyer der islamischen Glaubensgemeinschaft.

Wenslingen

Der «Füdlebluttstei»

Eine Sage löst das Rätsel dieses merkwürdigen Titels auf, sie erzählt: «Fraue, wo keini Chinder übercho hai, syge znacht bim Oltschloss (gemeint sind die Ruinen der Oedenburg bei Wenslingen) zu däm Jumpferestei. Si syge ganz blutt drüberabe grütscht. Me haig gsait ‹der Füdlebluttstei›.»[1]

Tatsächlich, der vor dem Halsgraben der Oedenburg bei Wenslingen aufliegende und von einer liegenden Platte gekrönte mächtige Stein regt zu fantasievollen Überlegungen an.

So erzählt eine weitere Sage, um Mitternacht sitze ein Fräulein, also eine Jungfer, auf diesem Stein, und ihr gelinge, was sonst nur Riesen möglich sei, nämlich diesen Stein mit dem kleinen Finger mühelos aufzuheben. Beim Jungfernstein könnte es sich also um einen der sogenannten Gleitsteine handeln: Kinderlose Frauen glitten in der Nacht unbekleidet über den Stein, um sich so zur Fruchtbarkeit zu verhelfen.

«Manche Fachleute schütteln missmutig den Kopf, wenn der Jungfernstein immer wieder auch als keltischer Opferstein betrachtet wird. Die Mutmassung ist insofern verständlich, als der Stein eben das Aussehen eines Tisches mit Sockel und Platte hat; und noch im 19. Jahrhundert wurde auch von anderen keltischen Opfersteinen im Baselbiet berichtet. Der hier eingeklemmte Gesteinsbrocken ist möglicherweise einmal von Schatzgäbern angebracht worden, die unter der Platte keltische Kostbarkeiten zu finden hofften.

Als Daniel Bruckner im 18. Jahrhundert in seinem ‹Versuch einer Beschreibung historischer und natürlicher Merkwürdigkeiten der Landschaft Basel› von diesem eigenartigen Stein erzählte, liess er sich nicht auf Interpretationen ein, sondern berichtete lediglich von einem ‹Weg, so zwischen Wenslingen und Oedenburg durchgienge, wobey ein grosses viereckiges Felsstück lag, welches die Wanderer verehrten›. Ob sich der moderne ‹Wanderer› mit dieser eher knappen Feststellung begnügen will, oder ob er mehr einer phantastischen oder gar medizinischen Deutung zuneigt: dies bleibt ihm allein überlasssen – solange der Stein sein Geheimnis nicht verrät.»[2]

1   Paul Suter, Eduard Strübin: Baselbieter Sagen. 3. Auflage Liestal 1990. S. 164.
2   Leif Geiges, Hanns U. Christen, Meta Zweifel: Basler Mosaik. Freiburg im Breisgau, 2. Auflage 1981. S. 156.

Foto: «Basler Mosaik aus Stadt und Landschaft», S. 155

Foto: Verlag BL

Akustisches

 96   Ur-Töne
 97   Wenn Kirchenglocken schweigen
 99   Die Basler Glocke
102   Die Pestglocke
104   Die Gemeinde- und Schulglocke

Pratteln

Ur-Töne

Einmal im Jahr – nämlich in der Fasnachtszeit – wird die Akustik Prattelns von ur-weltlichen Tönen dominiert. Ausgerüstet mit kleineren oder auch grösseren Kuhhörnern intonieren dann die Hornbuben – es können auch ältere Semester sein – alt-überlieferte Rhythmen, immer im gleichen Takt und mit dunklem Klang: «tüü-tetü-tüü». Wie in anderen Dörfern sind auch in Pratteln die Jugendlichen für das Fasnachtsfeuer zuständig; schon wenige Wochen nach Neujahr beginnen sie mit dem Holzsammeln und machen die Leute durch gewaltige Hornstösse auf sich aufmerksam. Sie verwenden dazu Kuhhörner. Bei den Metzgern hatten sie zuvor Kuhhörner gebettelt und sie dann «zu Hause ausgekocht und damit zum Schrecken der Mutter das ganze Haus verpestet.»[1] Als mit dem Ruckgang der Landwirtschaft in der Nachkriegszeit im Dorf keine Kuhhörner mehr zu ergattern waren, beschaffte man sich durch einen ortsansässigen Italiener in der Toskana grosse Stierhörner. Sie sind heute als Zimmerschmuck gesucht und werden auch als Auszeichnung für kulturelle Verdienste verschenkt. So hat sich der einzigartige Brauch des Hornens, dessen Herkunft im Dunkeln liegt, auch ins dritte Jahrtausend hinüberretten können.

Foto: Verkehrs- und Verschönerungsverein Pratteln

1   Eduard Strübin: Jahresbrauch im Zeitenlauf – Kulturbilder aus der Landschaft Basel. Liestal 1991. S. 134 ff.

Wenn Kirchenglocken schweigen

Foto: Ernst Feigenwinter-Archiv, Reinach

Jedes Jahr schweigen die Glocken der katholischen Kirchen vom Gründonnerstag bis zum Abend des Karsamstags; ihr meistens einer festlichen Stimmung Ausdruck gebendes Geläute ist während der Zeit der Kreuzigung Jesu nicht angebracht. Doch bleiben sie während dieser Zeit nicht untätig, sie «fliegen» – so will es die Überlieferung – nach Rom, um den päpstlichen Segen zu holen. Erst in der Osternacht kehren sie zur Auferstehungsfeier zurück.

Und wer ruft die Gläubigen während ihrer Abwesenheit zum Gottesdienst? Die «Rätsche», ein Resonanzkasten aus Holz, der mittels einer Kurbel betätigt wird; seine durch Nocken auf einer Walze in Bewegung gesetzten Holzleisten ergeben ein schnarrendes und knatterndes Geräusch. Während die Stephans-Kirche in Therwil eine eingebaute hölzerne Rätsche aufweist, wanderte sie in Reinach ins Heimatmuseum. Doch 2008 weckten sie traditionsbewusste Reinacher aus ihrem

Dornröschenschlaf; sie liessen einen originalgetreuen Nachbau anfertigen, und seither steht die neu-alte «Rätsche» im Turm der Dorfkirche bereit, um am Karfreitag und -samstag zwischen 9.45 und 10 Uhr sowie von 14.45 bis 15 Uhr wieder betrieben zu werden.

Langenbruck

Die Basler Glocke

Die Basler Glocke des Weilers Bärenwil bei Langenbruck[1] führt uns mitten in die Trennungswirren, als der Weiler Bärenwil sich im Gegensatz zu Langenbruck weigerte, dem neu gegründeten Kanton Basel-Landschaft beizutreten und baseltreu blieb. Die Basler belohnten diese Haltung und setzten den ehemaligen Seelsorger von Langenbruck, G. F. Bleienstein, als Pfarrer von Bärenwil ein; er war von den Baselbietern abgesetzt worden, weil er den Eid auf die neue Verfassung verweigert hatte. In Bärenwil wurde nun folgerichtig ein Haus – es beherbergt heute das Restaurant Chilchli – als Kirche umgenutzt: ein Dachreiter mit Glocke zeigte die neue Bestimmung an, und fortan konnte der Pfarrer für seine Predigten ein Zimmer mit Rednerpult benutzen. Das Bärenwiler Glöcklein schlägt auch heute noch zur vollen und halben Stunde und wird täglich um 11.00 Uhr geläutet. Mit einem Baslerstab verziert, erklärt es mit Psalmenworten seine Geburtsumstände:

> *Goss mich Johan Ulrich Beck in Basel 1833.*
> *Meine Augen schauen nach den Treuen im Land,*
> *spricht der Herr. Psalm 101.6. Als zur Zeit der*
> *Empörung in den achtzehnhundertdreissiger*
> *Jahren viele Freunde zu Stadt und Land mich der*
> *treuen Gemeinde Bärenwil schenkten,*
> *waren daselbst nachgenannte Hausväter Martin Bader,*
> *Prest., Jac. Schneider des Gerichts, Jac. Hägler*
> *Bannbruder, Joh. Dan. Hein und Jac. Müller,*
> *Mart. Jac. Hein und Martin Biedert.*

Deutlich politischere Töne schlägt der von Basel ausgehende und in Versform abgefasste Spendenaufruf «Die Glocke von Bärenwil. Eine freundliche Ansprache an Basel's Jünglinge und Jungfrauen» von 1833 an. Mit dichterischem Schwung wird da in 14 Strophen der Bärenwiler Idylle das Inferno der Trennungswirren entgegengehalten.

---

1   René Salathé: Glocken im Baselbiet. Geschichte und Geschichten rund um sakrale und profane Glocken und Glöcklein. Liestal 2011. S. 83 ff.

Es ist ein Dörflein still und klein,
Auf hoher Alp gelegen.
Die Luft ist dort so klar und fein,
Das Gras gedeiht im Segen.
Die Leute sind gar wohlgemuth,
Gesund und frisch, wie Milch und Blut.
Dass Ihr nicht rathet, noch sinnet viel.
Wisset, das Dörflein heisst Bärenwil.

Als jüngst der falschen Freiheit Wuth
Zertrat den gold'nen Frieden,
Und Flamme, Raub und Bürgerblut
Für's Glück uns ward beschieden,
Galt hier der biedern Alten Rath;
Man scheute Greuel und Verrath.

«Stimmet nur, hiess es, für euch allein!»
Bärenwil sollte getrennt nicht sein.

Titelseite der Spendenbroschüre

Ziefen

Die Pestglocke

Glocken sind geheimnisvoll: Sie weisen mit ihren Klängen himmelwärts, sie geben die Weltzeit an, und oft sind sie von ihrer Bestimmung her auch eigentliche Zeitzeugen, was sie mit speziellen Inschriften zum Ausdruck bringen. Hören wir dazu beispielsweise die Totenklage der sogenannten Pestglocke von Ziefen aus dem Jahr 1569.

ALLES FLEISCH VERSCHLISST WIE EIN KLEID/
DAS IST DER ALT BUND/
MENSCH DU MUSST STERBEN

Noch heute zittert in dieser Inschrift das furchtbare Erlebnis der Pestzeit nach, der in der Kirchgemeinde 1564 211 Menschen zum Opfer fielen; sie wurden unweit der Kirche in einem Massengrab beigesetzt. Und auch 1628 hatte das Dorf 75 Menschen zu beklagen.

Foto: Felix Gysin

Augst

Die Gemeinde- und Schulglocke

Gemeinde- und Schulglocken finden sich auch heute noch landauf, landab, doch nur wenige sind ihrer angestammten Funktion, dem «Zur-Schule-Läuten» treu geblieben. Die meisten stammen aus der zweiten Hälfte des 19. Jahrhunderts und sind Zeichen einer grossen Identifikation mit der Schule. Die aus heutiger Sicht oft nostalgisch verklärten Schulglocken hatten nicht zuletzt die Aufgabe, das junge Schulvolk und damit die Gesellschaft zu disziplinieren: Sie dienten der im 19. Jahrhundert im Zeichen der Industrialisierung zunehmenden Forderung nach Pünktlichkeit.

Ein Musterbeispiel eines Schulglöckleins findet sich in Augst. Seit 1866 hängt es im Dachreiter des einstigen Schul- und jetzigen Gemeindehauses. «Es dirigierte in früheren Zeiten einen Grossteil des alltäglichen Lebens des kleinen Dorfes. Am Morgen kündigte es mit hellem Klang an, wann die Schule ihren Anfang nahm, und um elf Uhr mahnte es die Hausfrauen daran, sich mit der Zubereitung des Mittagessens zu befassen oder ein Kind mit einer Mahlzeit im ‹Säckli› zu diesem oder jenem Angehörigen zu schicken, der auf dem Felde, im Wald oder in der Saline Schweizerhalle werkte. Um ein Uhr rührte sich das Glöcklein erneut, wenn die Nachmittagsschule begann, und um drei Uhr betätigten sich die Buben der Oberschule am Glockenseil, damit die Glocke meldete, es sei jetzt Zeit zum ‹Zo-be-neh›. Abends, wenn es still wurde im Dorf, erhob es noch einmal seine Stimme zum sogenannten ‹Bätzytlütte›, sonntags läutete die Glocke nur einmal, und zwar eine halbe Stunde bevor in Pratteln der Gottesdienst begann. Es meldete sich mit gellendem Ton, wie heute noch, wenn irgendwo Feuer ausgebrochen ist. Auch bei Gemeinderatswahlen verkündete die kleine Glocke früher die Wahl eines neuen Mitglieds der Exekutive, und wenn jemand im Dorf zur letzten Ruhestätte begleitet wird, klagt das Glöcklein seinen letzten Gruss zum Friedhof hinüber. Dass es in der Sylvesternacht um zwölf Uhr dabei ist, wenn es gilt, das neue Jahr einzuläuten, versteht sich von selbst, und es gibt sich jeweilen die allergrösste Mühe, damit seine zwar nicht unbedingt melodische, aber heitere Stimme im tiefen Gesumm und Gebrumm der Kirchenglocken der umliegenden Ortschaften nicht untergeht.»[1]

1   Hans E. Keller in René Salathé u.a.: Augst und Kaiseraugst. Zwei Dörfer – eine Geschichte, Liestal 2007. Band 2, S. 161.

Auch im dritten Jahrtausend hat sich das Augsterglöggli zu wehren; allerdings nicht mehr gegen das Gesumm und Gebrumm der Kirchenglocken von Kaiseraugst, Pratteln und der deutschen Nachbarschaft, sondern gegen den nicht endenden Verkehrslärm der nahen Hauptstrasse.

Arbeit

108 Wölbäcker
110 Forschungsäcker
111 Die Textilpiazza
112 Der Wasserpilz

Ettingen

Wölbäcker

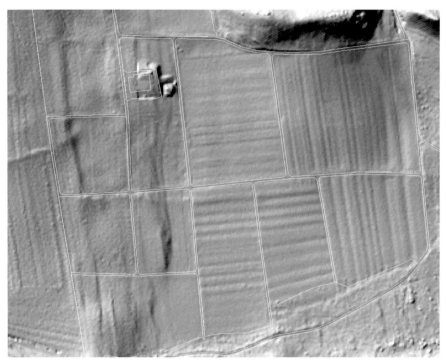

Foto: Kantonsarchäologie BL

Ettingen nimmt im Verzeichnis der Kunstdenkmäler des Kantons Basel-Landschaft nur einen bescheidenen Rang ein, und trotzdem kann es mit einer kulturhistorischen Rarität aufwarten, die Ihresgleichen sucht – mit seinen Wölbäckern. Sie finden sich in der Flur Chirsgarten und sind seit kurzem regierungsrätlich geschützt. Was ist ihre Besonderheit, was unterscheidet sie von einem gewöhnlichen Acker? Ihr Name – Wölb- oder Hochäcker – liefert die Erklärung und führt uns auch zu Gottfried Kellers tragischer Seldwyler Novelle «Romeo und Julia auf dem Dorfe». Sehr anschaulich ist dort vom Pflügen einer «weitgedehnten Erdwelle» mit ihren drei gleich riesigen Bändern nebeneinander liegenden und «weitgestreckten» Äckern die Rede. Waren es Hochäcker? Gottfried Keller lässt die Frage offen; präziser sehen es dagegen die Landvermesser: Sie haben die Wölbäcker, die mindestens im thurgauischen Egnach derart gehäuft auftreten, dass sie das Landschaftsbild bestimmen, auf «Egnacher Kurven» getauft.

Wölbäcker sind ein Relikt der mittelalterlichen Landwirtschaft und erzählen von einer Zeit, als es noch keine wendbare Pflugschar gab und die Ackerkrume nur in eine Richtung gewendet werden konnte – nicht wie der spätere Wendepflug nach links oder nach rechts.

«Der Bauer zog mit seinem Gespann als erste die mittlere Furche beim Zurückpflügen auf der ‹Rückseite› der ersten Furche. Die nächste Furche verlief wieder im Richtungssinn der ersten Furche, an deren ‹richtiger› Seite. Wichtig war, die Scholle immer zur Ackermitte hin zu wenden. Durch langjähriges Pflügen in dieser Weise wurde immer mehr Ackerkrume verlagert – die Ackermitte wurde erhöht, die Ränder der Äcker vertieft. Dabei wurden Scheitelhöhen von bis zu einem Meter erreicht! Oft lagen mehrere Wölbäcker nebeneinander im Verband.»[1] In Ettingen blieben die Wölbäcker darum erhalten, weil man die Erhöhungen im Laufe der Zeit mit Kirschbäumen bepflanzte und auf Eingriffe in den Boden weitgehend verzichtete. Und so soll es auch in Zukunft bleiben.

1   Mitteilung der Kantonsarchäologie.

Therwil

Forschungsäcker

Foto: Forschungsinstitut für biologischen Landbau, Frick

Es gibt nicht nur Wölbäcker, die in die Vergangenheit weisen, es gibt auch «zukunftsorientierte» Äcker – zum Beispiel versteckt in einer Senke am Ortsrand von Therwil. Die Rede ist von der eine Hektar grossen Parzelle des ehemals im Leimental wirkenden, heute aber in Frick domizilierten Forschungsinstituts für biologischen Landbau. Sie dient seit 1978 einem «weltweit einzigartigen Experiment» und ist in sechsundneunzig fünf mal zwanzig Meter grosse Parzellen unterteilt, auf denen drei verschiedene landwirtschaftliche Anbausysteme verglichen werden: die biologisch-dynamische, die biologisch-organische und die konventionelle Produktion.

«Das Experiment – es trägt den Namen DOK und steht für Dynamisch, Organisch, Konventionell – liefert keine schnellen Resultate und fordert von den Wissenschaftlerinnen und Wissenschaftern Geduld. Die ersten Ergebnisse publizierte das Forschungsinstitut erst nach einundzwanzig Jahren. Denn Bodenfruchtbarkeit und Biodiversität verändern sich nur langsam.»[1] Doch das Ergebnis war derart spektakulär, dass «das unscheinbare Landstück schlagartig berühmt wurde. Sogar das US-amerikanische Wissenschaftsmagazin Science berichtete ausführlich über das Projekt im unteren Baselbiet.» Der Therwiler Acker hatte international eine Lanze für den Biolandbau geschlagen!

1   Florianne Koechlin / Denise Battaglia: Mozart und die Hirse – Natur neu denken. S. 107 f.

Liestal

Die Textilpiazza

Mit der Seidenbandweberei, dem Posamenten, hat Baselland eine lange und prägende textile Tradition. Sie wurde nicht zuletzt auch von der Firma Hanro mitgetragen, die von 1899 bis 2001 zur Liestaler Industrieszene gehörte und mit ihrer Produktion von Unterwäsche, Sport- und Oberbekleidung erster Güteklasse den Namen der Baselbieter Hauptstadt in aller Welt bekannt machte. «Der Vatikan, so sagt man, habe schon exquisite Unterhosen für den Papst bestellt. Und auch Queen Elizabeth soll den feinen Zwirn schon untendrunter getragen haben. Das Label Hanro war für Liestal ein Schaufenster zur Welt und spielte eine grosse Rolle in der Erinnerungskultur der Umgebung.»[1]

Was sollte mit dem 21 000 m^2 grossen und im dritten Jahrtausend leerstehenden Industrieareal geschehen? Die Idee einer Wohnüberbauung wurde vom Stimmvolk Ende 2008 verworfen. In der Folge nahmen sich zwei alternative Stiftungen des Geländes an; ihr Ziel war es, Freiraum für gewerbliche, soziale und (gastro) kulturelle Nutzungen zu schaffen.

In diesdem Sinn kam es zur Einrichtung der Textilpiazza, die von all jenen Leuten genutzt werden kann, die sich in irgend einer Art kreativ mit Stoff beschäftigen. Neben der ihnen zur Verfügung stehenden Infrastruktur (Maschinen und Werkzeuge) steht vor allem auch der kreative Austausch zwischen verschiedenen Metiers, Kulturen und Generationen im Zentrum».[2]

Das «historische Rückgrat» der textilen Studios bildet die sagenumwobene Hanro-Sammlung. Sie umfasst nicht weniger als 20 000 Kleidungsstücke aus hundert Jahren Firmengeschichte sowie unzählige archivalische Akten, Werbeplakate und Fotos – eine unerschöpfliche, kulturhistorisch wertvolle Inspirationsquelle für künftige Textilschaffende, die heute als wertvolles Sammelgut vom Museum BL in Liestal betreut wird. «Wer weiss, vielleicht entstehen in den traditionsreichen Hallen an der Frenke bald wieder Kleider, die weltweit von sich reden machen.»[3]

1 Joel Gernet: Hanro-Hallen werden wieder zum Textil-Tempel. Basler Zeitung, 22.11.2012 – bazonline.ch
2 Ebd.
3 Ebd.

Allschwil

Der Wasserpilz

Pilze gibt es im Baselbiet so viele und so gute wie überall: Boviste, Reizker, Pfifferlinge, ja selbst Trüffel. Dessen ungeachtet weist das Baselbiet eine auffällige und in keinem einschlägigen Pilz-Bestimmungsbuch erwähnte Pilz-Besonderheit auf, es ist der Allschwiler Wasserpilz, beziehungsweise Wasserturm.

In den 1970er Jahren erbaut, ragt der 42,5 Meter hohe Turm weit über den nahen Wald und gewährt von seiner öffentlich zugänglichen Dachterrasse aus eine beeindruckende Dreiländer-Rundsicht – vom nahen Sundgauer Hügelland im Elsass gehts zum Jura und zum Schwarzwald.

Der Turm enthält zwei Reservoire mit insgesamt 990 Kubikmeter Trinkwasser, 100 Kubikmeter stehen als Löschwasser bereit. Und noch eine Merkwürdigkeit: Der Pilz ist mit 18 Meter langen Betonpfählen im Lössboden verankert, und das brauchts im weichen Untergrund des Leimentals.

Natur

116 Blumen am Wegrand
118 Spechtbäume
120 Wölfe und Löwen im Baselbiet?
121 Der letzte Baselbieter Bär
123 Steingärten
125 Von Hasen und Nasen
127 Tulpenfahrt

Agglomeration
Blumen am Wegrand

Die Wiesensalbei – sie findet sich beinahe überall in der Schweiz, warum soll sie denn als «Merk-würdigkeit» in unserer Sammlung Eingang finden? Weil sie sich in der Agglomerationsumgebung von Basel, wo offene Wiesen rar geworden sind, – entgegen der Aussage, sie finde sich überall – nur noch selten findet. Doch glücklicherweise hat man ihr in letzter Zeit längs grosser Ausfallstrassen, beispielsweise in Reinach – unter der Devise «eine Naturwiese ist ebenso schön wie die Anpflanzung hoch kultivierter Gärtner-Pflanzen» – zusammen mit der Margerite und dem Ankenblümlein ein Plätzchen reserviert. Und so können wir nun von der Landstrasse aus bequem den eigenartigen, der Bestäubung dienenden und speziellen «Schlagbaummechanismus» der Wiesensalbei studieren. Mit zwei Staubblättern, die zu einem Hebelapparat umgestaltet sind, ermöglicht sie Insekten den Zugang zum tief im Blütengrund sitzenden Nektar. Der kürzere hintere und verbreiterte Arm bildet dabei eine Platte, gegen die die Insekten drücken müssen, um an den Nektar zu gelangen. Dank dieser Hebelwirkung werden die Staubblätter hinuntergebogen und streifen so ihren Pollen auf dem Rücken der Besucher ab. Wenn die so beladene Biene dann eine weitere Blüte aufsucht, berührt sie mit ihrem Rücken die Narbe und überträgt den fremden Pollen auf ihre «Besucher-Pflanze».

Die Bestäubung ist gelungen, das Wunder am Strassenrand kann sich wiederholen!

Aquarelle: Marie Therese Tietmeyer aus «Symbolik der Pflanzen», S. 292

Reigoldswil – Landauf, landab
Spechtbäume

Es gibt den Grün-, den Schwarz- und den Buntspecht: das sind selbstredend Vögel – es gibt die Buche, Tanne und Föhre: das sind selbstredend Bäume. Wer aber hat je vom Spechtbaum gehört? In der Tat: es handelt sich um eine Baumart, die sich in keinem Bestimmungsbuch findet, aber trotzdem sehr real ist. Spechtbäume greifen mit toten Ästen in den Himmel und werben – obwohl laub- und nadellos – für eine intakte Umwelt, denn mit ihren Höhlen und der schorfigen und abblätternden Rinde bieten sie eine ökologische Nische und sichern damit Leben.

Profiteur ist dabei nicht nur der beeindruckende Schwarzspecht, dieser rabengrosse Vogel mit dem auffällig roten Kopf. Wenn er mit seinem schnellen, weit hallenden und harten Schnabelhämmern unter der Rinde dieser Bäume auf Insektenfang aus ist und dabei Höhlen ausmeisselt, dann hilft er auch möglichen Nachmietern – von Baummardern über Fledermäuse bis zu Hornissen. Und so machten sich denn im April 2011, das vom Schweizer Vogelschutz als Schwarzspechtjahr deklariert worden war, in Reigoldswil zwei Schulklassen auf Baum-Höhlensuche. Sie wurden fündig; nicht weniger als 30 Spechtbäume konnten sie mit einer gelben, gut sichtbaren Spechtschablone markieren und damit vor dem Fällen bewahren. Ihr Lohn: ein Naturschutzerlebnis und ein Spechtbaumdiplom.

Ein «Spechtbaum» in der Reinacher Heide

Reigoldswil

Wölfe und Löwen im Baselbiet?

Im Zeitalter der Rückwanderung von Bär und Wolf in die Alpen ist die Frage «Wölfe im Baselbiet» durchaus berechtigt, doch blicken wir zunächst einmal zurück: Aus Reigoldswil ist uns der sogenannte Wolfsalarm überliefert. Dort ist nämlich 1613 von einem Gesuch für ein grösseres und in weiterer Entfernung vernehmbares Geläute die Rede. Es hätte nicht nur eine Feuersbrunst anzuzeigen, sondern grösseren Schaden abzuwenden, «wann etwa die Wölfe gespürt werden».[1] Wo holen wir Rat, wenn wir wissen wollen, ob die Sorge der Reigoldswiler berechtigt war? Bei Daniel Bruckner. In seinem «Versuch historischer und natürlicher Merkwürdigkeiten der Landschaft Basel», einer ersten, nicht weniger als 3077 Seiten umfassenden Baselbieter Landeskunde, hält er 1762 fest: «Die Thiere des Waldes sind wilde Schweine, so aus der Nachbarschaft ausreissen; Hirschen und Rehe, Hasen, Füchse und wilde Katzen», und «bey harten Wintern einige Wölfe…».[2] Und dass Wölfe früher im Baselbiet verbreitet waren, das belegt auch die Vielzahl der Wolf-Flurnamen im Baselbiet.

Interessant ist auch der Hinweis Bruckners auf die Existenz von Wildkatzen. Bis in die jüngste Vergangenheit schien es ja, als würden diese scheuen Waldbewohner den Basler Jura meiden. In der Zwischenzeit haben indessen aufwendige, fachmännisch von Biologen vorgenommene Untersuchungen den Beweis erbracht, dass vor allem im Raume des Blauens einige Wildkatzen leben. Die Fachleute schliessen dabei nicht aus, dass sich diese Population nach Osten hin ausbreiten könnte.

Und Gleiches lässt sich von Wölfen sagen: In Fachkreisen rechnet man sogar damit, dass sie in wenigen Jahren vom Elsass her im Gebiet des Blauens und des Passwangs auch bei uns gesichtet werden könnten. Zu einem Wolfsalarm wird es aber dabei kaum mehr kommen!

Löwenspuren gibt es in Bruckners «Merkwürdigkeiten» selbstverständlich keine, und doch steht fest, dass es im Baselbiet Löwen gibt: Die Rede ist zwar nicht von stolzen und bedrohlichen Mähnenlöwen, sondern von den kleinen, nur gerade 6 mm grossen Ameisenlöwen. Es gibt sie landauf, landab, an sonnigen feinsandigen Waldrändern fallen sie durch ihre vielen Falltrichter auf.

1 Karl Gauss: Über die alten Glocken des Baselbiets und ihre Giesser. Sonderdruck der Basellandschaftlichen Zeitung. 1935. S. 14.
2 «Merkwürdigkeiten» S. 2576.

Reigoldswil

Der letzte Baselbieter Bär

Aus Italien eingewanderte Bären sorgen in Graubünden für heftige Diskussionen: Wie gross ist der Schaden, den sie in Schafherden anrichten? Gefährden sie auch Menschen? Im Baselbiet kennt man diese Sorgen nicht. Der Bär tritt nur im Gemeindewappen von Arisdorf und Duggingen sowie in Flurnamen auf – etwa Bärenwil bei Langenbruck, wo offenbar «ein Säger aus Wangen namens Frey, ein überaus starker Mann, bei seiner Heimkehr von Langenbruck von einem Bären angefallen» wurde. Er habe sich der Herausforderung gestellt und mit dem Tier gerungen. Ein Sturz die Felswand bei der Chanzelflue hinunter habe aber dann glücklicherweise die beiden Kämpfer getrennt.[1] Von Daniel Bruckner erfahren wir dann 1756 in seiner Beschreibung der «Landschaft Basel», im Gebiet der Wasserfal-

Bild: «Merkwürdigkeiten XVI», S. 1870

1 Paul Suter, Eduard Strübin: Baselbieter Sagen. Liestal 1978. S. 334.

len bei Reigoldswil hätten die «wilden Tieffen, Höhen und Felsen vor Zeiten auch den Bären einen sicheren Aufenthalt gestattet.»[2]

Tatsächlich hören wir im September 1789 von einer Bärenjagd – der letzten im Baselbiet. Die mündliche Überlieferung, die im Baselbieter Sagenbuch festgehalten ist, wusste das ausserordentliche Ereignis in verschiedenen Varianten zu erzählen:[3]

Die erste berichtet, dass sich der Bär über Nacht in seinem Schlupfwinkel in der Höhle des Schelmenloches bei Reigoldswil aufgehalten habe. Durch Treiber sei das Tier dann gegen den Geitenchopf gejagt worden, wo zwei Jäger es erwarteten. Doch beim Nahen des mächtigen Raubtieres hätten die beiden Angst bekommen und seien auf einen Baum geklettert. Nach zwei von luftiger Höhe aus abgegebenen Schüssen sei der Bär tot zusammengebrochen.

Die zweite Variante: «Als bekannt wurde, dass ein Bär in der Gegend sei, machte sich der riesenstarke Ramstebänni (Bernhard Steiner ab dem Ramstein), von welchem manche Kraftstücklein erzählt werden, mit der Flinte auf, den Bären in der angegebenen Gegend zu suchen. Er stösst auch wirklich auf ihn und trifft ihn. Wutentbrannt reisst der Bär schnell eine Tannenwurzel aus dem Boden heraus und geht damit aufrecht auf den Ramstebänni los. Nochmals zu laden blieb diesem keine Zeit, und Hinterlader und Repetiergewehre hatte man noch nicht. Auf seine Kraft vertrauend, tritt der Jäger dem Bär entgegen, fasst ihn bei seinen Vordertatzen, so dass er mit der Wurzel nicht dreinschlagen kann. Der Bär will ihm ins Gesicht beissen, doch der Ramstebänni schiebt schnell seinen Kopf unter den Kopf des Bären, hält ihn mit seinen Armen fest, drückt mit seinem Kopf so stark gegen den Hals und die Gurgel des Bären, dass diesem schliesslich der Atem ausgeht und er zu Boden fällt. Schnell entreisst Ramstebänni dem Bären die Wurzel und bearbeitet ihn damit, bis er tot ist. Alsdann hängt er ihn an den Rücken und schreitet damit nach Reigoldswil hinunter.»

Und wer diese Geschichten von Zweikämpfen bezweifelt, der sei daran erinnert, dass einer der letzten Bündner Bären 1878 im Oberengadin ebenfalls in einem Zweikampf erlegt worden ist.

Bild: «Gemeindewappen von Baselland», S. 40

---

2   Daniel Bruckner, S. 805.
3   Baselbieter Sagen, S. 342.

Steingärten

Foto: Verlag BL

Auch Gärten sind modischen Zeitströmungen unterworfen: Bis weit ins 20. Jahrhundert hinein dienten sie vor allem der Selbstversorgung und damit dem sorgfältigen Anbau von Bohnen, Erbsen, Kohl, Salat und anderem Gemüse. Damals erfreuten sie auch vom Frühling bis in den Spätherbst mit einer bunten und abwechslungsreichen Blumen- und Staudenpracht. Sie waren stolzes Vorzeigeprodukt haushälterischen Fleisses und nützlich angelegter Freizeit.

Heute ist das insbesondere in den mehr und mehr städtischen Vorortsgemeinden ganz anders: Immer öfters begegnen wir sogenannten Steingärten. «Die klassischen Steingärten waren eine Erfindung von Enthusiasten. Nachdem sie die Alpen als Naturerlebnis entdeckt hatten, wollten sie ein Stück Gebirgswelt in den Garten holen. Steinbrocken imitierten die Felsen, zwischen denen sich Bergblumen harmonisch einfügten, zum Beispiel Alpenleinkraut, Enzian, Hauswurz- und Steinbrech-Arten.

Von der ursprünglichen Idee einer alpinen Landschaft ist in modernen Steingärten nicht mehr viel zu sehen. Steine verwandeln manch grünen Vorgarten in eine gelbliche oder schwarzweiss gesprenkelte Fläche. Auch Arrangements aus rotem und grünem Schotter sind zu sehen.

Die nur mit wenigen Pflanzen verzierten Flächen strahlen die Botschaft aus: Hier ist und bleibt es sauber, ohne dass man etwas dafür tun muss.»[1]

Und so hat in modernen Steingärten die Blumen-Augenweide einer stumpfen und sterilen Gleichgültigkeit Platz gemacht – zum Nachteil vieler Insekten, aber auch der Igel, die in solchen Anlagen vergebens nach Schlupfwinkeln – Herbstblätter- und Reisig-Haufen suchen, um überwintern zu können.

---

1 Beatrix Mühletaler, in: Haus und Garten, 10.11.2010.

Von Hasen und Nasen

Hasen und Nasen – ein wunderschöner Gleichklang – im wörtlichen, aber auch im übertragenen Sinn. Denn sowohl Hasen, diese munteren Hopser, wie auch Nasen, diese kleinen Speisefische, sind heutzutage bedroht.

Feldhasen leben überwiegend auf Äckern und Wiesen. Während noch in den 70er Jahren des vergangenen Jahrhunderts in gewissen Gebieten bis zu 65 Hasen pro Quadratkilometer gezählt werden konnten, sind es heute nur noch gerade 2,7; ihr Lebensraum ist zusehends bedroht. Und so gehört denn die Hasentreibjagd, so wie sie noch nach dem Zweiten Weltkrieg auf der Rheinebene bei Pratteln betrieben werden konnte, längst der Vergangenheit an.

Nasen – wer kennt sie schon? Daniel Bruckner erklärt 1750 in seinen «Historischen und natürlichen Merkwürdigkeiten der Landschaft Basel», dass «die sonderbare Gestalt des Kopfes» diesem Fisch zu seinem Namen verholfe habe, «da nämlich der obere und vorderste Teil desselben auf eine besondere Weise über sich gebogen, und einer aufgeworfenen Nase sich vergleichet.» Nasen halfen in Augst und Birsfelden, wenn Ernten unregelmässig und bisweilen kärglich ausfielen, in Mangelzeiten zu überbrücken; sie waren dann recht eigentlich «Brotfisch». «In der Ergolz- und in der Birsmündung erwartete man am Rueditag, dem 17. April, die ersten Nasen. Sie suchten um diese Zeit an kiesreichen Stellen ihre Laichplätze auf und drängten sich so dicht wie Heringe in der Nordsee. Für die Bevölkerung von Augst und Birsfelden brach jetzt eine bewegte Zeit an. Bei Einbruch der Dunkelheit versammelten sich die Männer, ausgerüstet mit Bähren und Sack, und stellten zunächst einmal fest, welche Stellen die Nasen zum Laichen auswählten. Wenn es endlich ganz dunkel war, gab ein altbewährter Fischer mit dem Ruf ‹yne› das Zeichen zum Einsatz. Massenhaft konnten jetzt die aufgescheuchten Nasen gefangen werden. Sie wurden gleich getötet und in die umgehängten Säcke gestossen. Wenn nach allgemeiner Überzeugung und Erfahrung das weitere Einsetzen der Bähren sich nicht mehr lohnte, gab der gleiche Fischer, der zuvor das Startsignal gegeben hatte, den Befehl ‹use›. Je nach dem Fangergebnis zogen die Fischer jetzt heim oder lagerten sich am Ufer um ein flackerndes Feuer, wo sie mit Erzählen und Plaudern eine weitere Gelegenheit zum Nasenfang abwarteten. Wie alte Leute um die Wende des 19. zum 20. Jahrhunderts zu erzählen wussten, hätten sich früher oft so viele Nasen eingefunden, dass man sie mit dem Heurechen habe herausziehen

Natürliche

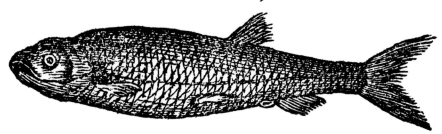

Von dem Nasenfange.

Da jährlich zu Frühlingszeit, gemeiniglich in dem Aprillmonate, bey dem Ausflusse der Birse in Rheine, ein bey uns berühmter Fischfang zu beschehen pfleget, so müssen wir bey Abhandlung der zu St. Jakob gehöriger natürlichen Merkwürdigkeiten, auch einige Nachricht hiervon erteilen.

Bild: «Merkwürdigkeiten V», S. 534

können. In Zeiten des Überflusses sei es auch vorgekommen, dass man beim Kartoffelpflanzen zu jeder Knolle als Dünger eine Nase hingelegt habe.»[1]

Tempi passati! Die Aufstauung des Rheins hat die Nase auf immer vertrieben.

1 René Salathé: Geschichte von Augst und Kaiseraugst. Liestal 1967. S. 157.

Tulpenfahrt

Alljährlich lädt Holland, das Tulpenland par excellence, in der Zeit von Ende März und Ende Mai zu Tulpenfahrten ein. Vor dem Hintergrund malerischer Windmühlen dehnen sich hinter den Deichen weite bunte Blumenfelder aus – dicht an dicht blühen sie, diese eleganten Frühlingskünder – einfach und gefüllt, gefiedert und gestreift, gezackt und gekräuselt, altrosa, dottergelb und ferrarirot – 5500 verschiedene Tulpensorten – ein Fest fürs Auge.

Das alles hat das Baselbiet nicht zu bieten, und trotzdem lohnt sich auch bei uns eine Tulpenfahrt. Sie führt uns in einzelne Rebberge des Unterbaselbiets, und dort werden wir Zeuge einer sehr viel bescheideneren, aber doch auch eindrücklichen gold-gelben Blütenpracht; die feingliedrigen, eleganten Sterne der Wildtulpe, der «tulipa sylvestris» begrüssen uns. Doch leider, leider hat die schöne Blume

nicht nur Freunde. Ein «tulipa sylvestris-Kenner» weiss zu berichten, dass «gerade im Kreise der Weinproduzenten zuweilen Stimmen laut werden, man mache ein ‹Gschyss› – ein übetriebenes Wesen – um dieses ‹Unkraut›, das mit seinem Wasser- und Nährstoffbedarf eine ertragsmindernde Konkurrenz für die Reben bildet.»[1] Tatsächlich kann die im Frühjahr einsetzende Unkrautbekämpfung mit Herbiziden die Wildtulpe und andere typische Weinbergpflanzen – z.B. die blaue Traubenhyazinthe – gefährden und zum Verschwinden bringen.

Freunde der Wildtulpe freuen sich daher, wenn sie auf ihren Frühjahrs-Rebberg-Wanderungen auch auf Rebbauern stossen, die beides im Auge haben – sowohl den guten Weinertrag als auch den Schutz einer selten gewordenen Kulturflanze.

1 Albert Spycher-Gautschi: «Tulipa sylvestris (Wilde Rebentulpe) – lästiges Unkraut, geschützte Kulturpflanze» in: Baselbieter Heimatblätter. Juli 2008.

Der Prattler Rebberg beim ältesten Rebhäuschen des Kantons

Gemeindewappen von Giebenach mit Druidenkreuz

Eigenartiges und Rätselhaftes

132 Drachen
135 Der Gripspfad oder «Mens sana in corpore sano»
137 Klosterbriefe
139 Einsiedler
141 «Rot Blau total»
142 Dorfnamen-Rätsel

Liestal

Drachen

Aus Liestal ist uns von 1766 eine echte Drachengeschichte überliefert. Viele Einwohner beklagten sich damals darüber, dass der Bestand ihrer Hühnerhöfe seit geraumer Zeit immer wieder dezimiert wurde. Einer der Betroffenen, der Chirurg H. Heinimann, stellte daher eine Marderfalle auf – mit Erfolg. Als er eines Morgens mit Nachbarn das gefangene Tier besichtigen wollte, erschrak er – es war weder ein Marder noch ein Iltis, es war ein Untier, das «oben auffem Kopf eine Chron, feurige Augen, kurtzer dicker Schnabel und drum herum lange Haar hatte, auch dan und wan in der Fallen rasete und ausserordlich Laut gab ... Da man solches vernahm, wurde in gantz Lüestel Lermen gemacht und lauften bey 100 Manns- und Weibervolck zusammen und betrachteten solches Wunderthier mit grossem Schrecken.» Was sollte nun mit diesem gefangenen Tier geschehen? Guter Rat war teuer – die Meinungen gingen hin und her. Sollte es samt Falle verbrannt oder ertränkt werden? «Da man aber überhaupt glaubte, es seye ein feuerspeuenter Track, sagdten viele, man solle beyde Thor zuthun und fleissig bätten, es bedeut der Statt Untergang. Draguner und andere Militair greiften zum Gwehr; viele kamen mit Halebarden, Brüglen, Degen und Stangen herbey und wollten diesen Track tod schüessen oder schlagen. Den besten Raht gab Meister Rud. Ertzberger ... und sagte, man solle um die Fallen herum mit obigem Gewehr parad stehen und um ein tratene Fischer Wadle einen grossen Wullensack wicklen und vor die Fallen heben und dises Thier darein jagen. Inzwischen verschliessten sich Weib und Kinder in ihre Häuser und bäten inbrünstig um ihre Väter und Männer.» Und so nahm die Geschichte ihr Ende: Das in die Enge getriebene Untier liess vor Schreck ein Ei fallen und entpuppte sich damit als gewöhnliche Henne. «Mithin hat sich dieser Lüestler Casus anfangs erbärmlich, aber nachgehents lächerlich und ohne Lebensgefahr geendet. Das merckwürdigste war, dass dergleichen gauragierte und wohl exercirte Leuthe wie die Lüestler waren, eine solche einfältige That sollen begangen haben. Mithin sind sie noch mehr als die tapfren Schwaben, welche gegen einen Hasen gestritten, auslachungswürdig gewesen.»[1]

Es bleibt die Frage: Hat sich wohl der bekannte Liestaler Maler Otto Plattner (1886–1951) an diese denkwürdige Szene erinnert, als er in den Jahren 1949–50 den Drachentöter, den hl. Georg, als Fassadenmalerei auf das Obere Tor setzte?

1   Paul Suter, Eduard Strübin: Baselbieter Sagen. Liestal 1990. S. 100.

Auch von Allschwil ist uns eine Drachengeschichte überliefert, und auch sie führt uns zu einem Bauwerk: «In der Nähe des Drachenbrünnleins stand in alter Zeit ein Schloss, das von einem Herzog und seiner Familie bewohnt war. Es war aber eine schlimme Zeit, denn im nahen Allschwiler Wald hauste ein Drache. Tag um Tag zog er auf Raub aus und war erst zufrieden, wenn ihm die Bürger der nahen Stadt ein Schaf zum Frasse hingeworfen hatten. Diesem Drachen fiel der Herzog zum Opfer, als er vom Wasser des Brunnens trinken wollte. Als nachher seine Tochter dort für ihre kranke Mutter einen Labetrunk holen wollte, drohte ihr das gleiche Schicksal. Da stand ihr in höchster Not ein Ritter bei, der im Walde jagte. Er erlegte den Drachen, und zum Dank ehrten die Basler die mutige Tat, indem sie ein Standbild des Ritters am Münster anbringen liessen.»[2]

Und zu guter Letzt ein Hinweis auf einen «Kunstdrachen». Im Giebelfeld des Augster Kraftwerks erinnert eine Plastik des Basler Künstlers Burkhard Mangold daran, dass das Kraftwerk zu Beginn des 19. Jahrhunderts von der Stadt Basel in Auftrag gegeben worden ist: ein Basilisk hält das Wappen der Stadt.

2   Ebd. S. 13.

Aesch

Der Gripspfad oder
«Mens sana in corpore sano»

«Ein gesunder Geist in einem gesunden Körper», schrieb der römische Schriftsteller Juvenal und kleidete damit seinen Wunsch, der Intellekt der vielen hirnlosen Muskelprotze im alten Rom möchte sich doch ebenso stark entwickeln wie der leistungsfähige Körper, in eine gängige Kurzformel. Er riet seinen Zeitgenossen: «Aber damit du was hast, worum du betest, weshalb du vor dem Schrein die Kutteln und göttlichen Weisswürste opferst, sollst um gesunden Geist in gesundem Körper du beten.»

Und genau dieser Wunsch erklärt, warum es 2011 im braven Aesch zur Realisation eines 16 000 teuren «Gripspfades» gekommen ist. Als Vita-Parcours für das Gehirn hat die Anlage auf dem Areal des Schulhauses Schützenmatt das Ziel, mit regelmässigem Training die beiden Gehirnhälften besser miteinander zu vernetzen, beziehungsweise die Hirnfunktion zu verbessern. Elf Posten – jeder trägt einen Namen: Wecker, Jogger, Achterbahn, Ohrzupfer, etc. – erwarten den Probanden; der erste beim Schulhausbrunnen erinnert daran, dass man täglich mindestens zwei Liter Wasser zu sich nehmen sollte. An einem weiteren Posten müssen die beiden Hände mit ausgestreckten Zeigefingern spiegelbildlich zueinander bewegt werden, usw., usw.

Kommentar: «Honni soit qui mal y pense» oder ganz utilitaristisch: Grips braucht man immer!»

Schönthal bei Langenbruck

Klosterbriefe

Im Zeitalter der SMS, der digital übermittelten «Kurzmitteilungen», hat das Briefeschreiben einen schweren Stand. Wer unterzieht sich schon den Mühsalen der Formulierung, wenn es auch kürzer geht? Doch es gibt Ausnahmen: Die Rede ist von den Schönthaler «Klosterbriefen», die ja umso «merkwürdiger» sind, als es doch im Baselbiet seit langer Zeit keine Klöster mehr gibt. Das Paradebeispiel ist das Kloster Schönthal bei Langenbruck: Es wurde als Folge der Basler Reformation am 1. Mai 1529 aufgehoben!

Bild: René Salathé: «Das Kloster Schönthal». Bern 2001. S. 83

Der Siegelabdruck von Probst Burchard – er stand dem Kloster Schönthal in den Jahren 1260–1266 vor – zeigt einen Mönch, der ein Schriftstück in den Händen hält.

Aber dann im Jahr 2000 erfuhr Schönthal eine neue Sinngebung: Der ehemals spirituelle Andachtsort wurde zu einem kulturellen Begegnungszentrum, wo zeitgenössische Kunst mit der einmaligen Juralandschaft des Schönen Tals in Dialog tritt. Freilich, weder Mönche noch Nonnen kehrten wieder zurück, wohl aber gibt es seither einen selbst ernannten Abt, der dem Kloster und seiner Landwirtschaft vorsteht. Seine virtuelle Gemeinde, die unterdessen auf 220 Mitglieder angewachsen ist, überrascht er immer wieder mit neuen, faszinierenden Kunstausstellungen – und eben mit Klosterbriefen.

Und hier die letzte Brief-Ausgabe vom Februar 2014:
«Liebe Freundinnen und Freunde

Und wieder provoziert ein weisses, nacktes Blatt. Selbst nach dreiundvierzig Klosterbriefen ringe ich mit dem Einstieg. Wissend, wie wichtig er ist, damit meine Leser dranbleiben. Leichter war's, als ich noch im Qualm meiner gut versteckten Pfeife hocken durfte – zu Füssen meine treue Labrador-Hündin ‹Bessie›. Das war noch die perfekte Klosterromantik. Manchmal beneide ich die Boulevard-Schreiber, die hemmungslos Enthüllungsgeschichten schreiben können. Das gibt's im ‹schönen Thal› halt nicht, ausser man steckt die Nase in unsere Ställe und schaut, ob da vielleicht etwas abgeht. Zum Beispiel gibt es Besucher, die wissen wollen, was es mit den vielen Rindern auf sich hat. Was ich denn antworten soll, frage ich unseren Pächter. ‹… sagen sie doch, der Schönthaler Hof ist wie ein Mädcheninternat, mit dem Unterschied, dass sie von hier schwanger nach Hause kehren dürfen.› Und das wär's halt schon. Ausser man geht der Geschichtsschreibung in der Folge der benediktinischen Regel «ora et labora» nach (etwa ab 12. Jahrhundert) und vermutet, dass es im abgelegenen Kloster ab und zu auch Frivoles gab. Es waren ja noch Zeiten, als ein vorbeiziehendes Décolleté für Erregung sorgte.

Bleiben Sie dran – wenn schon keine Enthüllungen, dann wenigstens ein paar Primeurs.

Mit herzlichen Grüssen John Schmid»

Landauf, landab

Einsiedler

Die Bevölkerung der Schweiz wächst und wächst – unaufhörlich; betrug sie 1950 gegen 4 700 000 Einwohnerinnen und Einwohner, so sind es heute mehr als 8 Millionen, und ein Ende der Aufwärtsbewegung ist nicht abzusehen. Wo bleibt da noch Raum für Einsiedler? Tatsächlich – der Platz für Sonderlinge und Käuze wird in unserer durchrationalisierten Welt immer enger. Nur noch selten hören wir von solch eigenwilligen Leuten, die sich weigern, in ein bürgerliches Schema gezwängt zu werden. Da gab es beispielsweise in Muttenz vor ein paar Jahren einen realen Wald-Einsiedler, der den Behörden Rätsel aufgab, und auch im Dickicht der Reinacher Heide fand unlängst ein Einsiedler vorübergehend Schutz.

Wer auf Einsiedler-Spurensuche geht, wird auch im Sagenschatz unserer Dörfer fündig. Von Wenslingen hören wir: «Man steigt von dem Dorf Tecknau durch eine Schlucht von hohen zackigen Felsbergen ... zur Wenslinger Höhe hinan ... Felsblöcke und Steine füllen die Kluft ... Eine weite Öffnung bildet sich in diesem

Tobel unter einem solchen Felsklumpen, die nach der Bauern-Sage in der Vorzeit einem Eremiten zum Aufenthalt gedient haben solle und daher das Bruderloch genennt wird.» Und in Reinach wusste man vor vielen Jahren von einem zerfallenen Gebäude in der Nähe des ehemaligen Rebbergs zu berichten. «Da soll früher ein frommer Einsiedler gewesen sein. Heute kann man noch nachts sein Beten hören.»

Ein ganz besonderer Eremit hat in Liestal seine Spuren hinterlassen: Die Rede ist von Niklaus von Flüe, dem grossen Schweizer Heiligen. Es war am 15. Oktober 1467, als er sich von seiner Familie verabschiedete, um sein Leben im «Elend» (Ausland) zu beschliessen. Doch es kam anders: In Liestal, wo er auf freiem Feld übernachtete, hatte er eine Erscheinung, die ihn körperlich schmerzte und ihm bedeutete, seine Reise abzubrechen und wieder heim in den Ranft zu gehen – und das tat er. Otto Plattner hat mit einem eindrücklichen Fresko an der Fassade des Rathauses dafür gesorgt, dass die Erinnerung an diese Liestaler Sternstunde nicht verloren geht.

Und noch ein letzter, sehr aktueller Eremiten-Hinweis: Er gilt dem Waldbruder der Arlesheimer Ermitage. Dort sitzt er seit mehr als 220 Jahren in seiner Waldklause. Ja, das Alter hat ihm zugesetzt, und so beschlossen die Ermitage-Verantwortlichen letztes Jahr ein Face-Lifting des Heiligen. Die hölzerne Statue erhielt eine neue Mechanik, und so wird der fromme Mann dank einer ausgeklügelten Automatik und zur Freude seiner Besucher vom Frühling an wie eh und je seine Augen rollen lassen.

Birsfelden

«Rot Blau total»

Wo holt man sich seine Identität? In der Familie? In der Kirche? In der Politik? Am Arbeitsplatz? Eine bandartige, in einer Nacht- und Nebelaktion angebrachte Bemalung – sie stand Ende Januar 2014 auf einer den Autobahn-Zubringer querenden Fussgängerbrücke unweit von Birsfelden – gibt eine mögliche Antwort. Wir lesen in metergrossen gelben Lettern auf rot/blauem Grund «ROT BLAU STOHT FÜR ALLES» und auf der Rückseite «UND DOCH NUMME FÜR DI». Und so wie hier die Clubfarben des Basler FCB auffallend in Erscheinung treten, so gibt es überall in der Nähe des FCB-«Heimathafens» St. Jakob zahllose rot-blaue Farbsignale – auf Hydranten, auf Verteilkästen, usw.; sie alle sind Zeugnis einer tiefen und geradezu amourösen Verbundenheit unzähliger Fans mit IHREM Club.

Die FCB-Euphorie hat in der Basler Region in den letzten Jahrzehnten ein nie gekanntes Ausmass angenommen; sie erfasst Jung und Alt, sie begeistert lautstarke Hooligans und bewährte Politiker, sie wirkt in alle Gesellschaftsschichten hinein und überspringt mühelos Gemeinde- und Kantonsgrenzen – kurz: sie ist ein ganz besonderes Markenzeichen Basels und schweizweit einmalig.

Dorfnamenrätsel

Hasenfestung – Beleuchtungserhöhung – Laugen-Kaff – von Blumen umgebenes. Wir versuchen, auf ungewohnte und nicht wissenschaftliche Weise das Geheimnis der Baselbieter Ortsnamen zu enträtseln. Die folgenden Begriffe finden ihre Entsprechung in den offiziellen Dorfnamen. Ein Beispiel: äffische Gewohnheit = Lausen.

Und hier nun weitere Ortsnamenmüsterchen: halbwarmer Ort – mädchenloser Ort – Fortbewegungsart – Flussacker – tiefer Ort – farbiger Fels – Bürgerpflicht – weitreichendes Viadukt – Getreideschloss – Druck ausüben – Schalenfruchtbetrieb – kalte Musik – bayerischer Fels – teuflischer Brocken – gepflegte Literatur – Schloss.

Dank

Einmal mehr habe ich dem Lotteriefonds für die Finanzierung des vorliegenden Büchleins zu danken.
In meinen Dank schliesse ich auch die Herren Peter Plattner und Mathias Naegelin vom Verlag des Kantons Basel-Landschaft sowie die Mitarbeiter/innen der Druckerei Bloch AG in Arlesheim ein. Sie haben für ein zeitgemässes Outfit der «Neuen Merk-würdigkeiten» gesorgt.

R. S.